続 定年バカ

JN180234

勢古浩爾

SB新書
495

まえがき――定年本の息の根を止めたつもりだったのに

前作『定年バカ』が刊行されたのは二〇一七年末である。そのときは、ありがとうございました。早いものだ、もう二年経ったのか。当時扱ったテーマは、章題でいえば、「お金に焦るバカ」「生きがいバカ」「健康バカ」「社交バカ」「定年不安バカ」「未練バカ」「終活バカ」である。そして、わたしの主張はたったひとつ、定年後は「自分の好きにすればよい」であった。あれから二年経ったいま、「生きがいバカ」「社交バカ」「終活バカ」は、いささか少なくなったように思われる。

それで内心、本気八分うぬぼれ二分で、これでほとんどの定年本の息の根は止まったな、と思っていた。「自分の好きにすればよい」以上に、正しいイデオロギーがあるとは思えなかったからである。それに、いったいだれに、定年後の生き方を教授する資格があり、いったいだれが、そんな赤の他人からの指図（「ヒント」とか「アドバイス」と謙遜する）を聞くというのだ、と思ったからである。

だが当然、世の中はそんなに甘くはないのですな。

わたしの「自分の好きにすればよい」は、「そんなことはいわれなくてもわかっているよ」であり、それに「もっと得になること、もっと役に立つことを教えろ」という声の前では、「そんなことはなんの解決にもなってないじゃないか」だからである。そこへさらに、定年準備を説く本や、定年後の「べき集・べからず集」が出たり、老後資産に特化したものや、情報のデジタル使用法についての指南本が出たり、その上アンチエイジング小説が出たりで、定年本は増々賑やかになったのである。

なかでも一番の大きな変化は、「人生一〇〇年時代」の登場である。ここ最近の定年本の特徴は、どの本にも「人生一〇〇年」という文句が枕詞のように使われている。この問題については、前作でも少し触れたのだが、そのときは「人生一〇〇年」がここまで日本社会に浸透するとは思わなかった。それがいまやバカみたいな増殖ぶりである。世界中で、「人生一〇〇年時代」が来るぞと騒いでいるのは、日本だけではないのか。

もう日本では全国民が「一〇〇年生きる」ことが決まったかのような騒ぎである。ついこの間まで「終活、終活」と騒いでいたのに、今や「終活」どころか、寿命がさらに二十年も延びたのである。死んでる場合ではなくなったのである（「終活」は実際にはまだ、葬祭業者がいろいろやっており、人もそれなりに参加しているようだ。「中高年から始める――〝終活〟で充実した人生を！」というキャッチフレーズで、至れり尽くせりの準備が用意されているようである）。

それにしても、どうして「定年」は、個人的・私的であることを超えて、こんなに社会的な大問題になったのだろう。銀行、保険、証券、出版、旅行、葬儀などの企業が、「定年市場」を作ってしまったからである。つまり、定年は金になるとわかったのだ（大した市場規模ではないだろうが）。使えるな、と思ったら、いかがわしい「人生一〇〇年」でも「終活」でも、なんでも使うのである。

一方で、老後資金や生きがいはあるか、健康は大丈夫か、孤独ではないか？　と不安を煽る。惨めな老後人生にならないように。他方で、「充実した人生を！」というように、充実した定年後や、楽しい定年後、豊かな定年後を送らないのは、定年後にあらず、とプレッシャーをかける。ほんとうは現実と理想のギャップは埋まることがないのに、こうすれば埋まるよ、という本が書店に並ぶ。わたしはこういう状況が好きではない。

定年退職者は、頭に刷り込まれる。「充実した第二の人生」「自分らしい定年後」「楽しい第二の青春」と。そして、かれらは死ぬまで、生活の隅々まで自分の意志どおりにしたいと思う。勧められるままにエンディングノートを書き、死に装束や棺桶まで自分の好きなデザインを選ぶのである。自分にはそうする権利があるのではないか。

さらに、自分だけ、なにかうまい方法や、得する方法を手にいれたいと望む。そこへ、わたしが教えてあげますよ、という人が次々に登場してくる。もうこの定年市場が縮小するまで、この騒ぎはつづくのだろう。しかたないこととはいえ、ばかばかしいことである。

自分で考えるから、そいじゃ、とそんな騒ぎから去っていくことが得策である。

続　定年バカ
目次

序章

たかが定年。されど定年

父たちの定年は私的な問題にすぎなかった

わたしの父親は一九一七年（大正六年）生まれ。六十歳で定年になったのは、一九七七年だった。昭和五十二年である。退職後、なにをするかで迷ったらしい。退職金は、息子たち（われわれ四兄弟）の学費の前借りや自宅建設資金の返済でほとんどなかった。しかし国民年金はあったし（この当時の年金は月額二五万円ほどあったようだ）、他に軍人恩給もあった。経済的には問題なかったはずである。

しかし父はそのまま仕事をやめる気はなかったようで、仕事を探した。知り合いの伝手で琉球絣の販売を手伝ったことがあったが、まるで似合わなかった。すぐやめた。わたしは一度、その販売現場に行ったことがあるが、父は武骨な体で、来客に「いらっしゃいませ」というでもなく、突っ立ったままだった。こりゃだめだ、と思った。結局、昔とった杵柄で、保険の個人代理店をやった。そのまま八十歳まで働いた。

一九七七年当時、退職後なにをするか、という問題はあったが、それは自分で考え、自分で解決する問題だった。今のように、専門家の手引きによって年金や貯蓄で老後資金を計算するような問題ではなかった。定年後の生きがいや、趣味や、健康や、人間付き合いや、孤独になる恐れ、などの不安があったはずもない。あったとしても、どこまでも個人の問題だった。

むろん、現在とは平均寿命も違うし、時代の雰囲気も違う。しかし人間の生き方にそれほどのちがいがあるとは考えられない。変わったとしたら、人生は一回きりだから思いきり楽しまなければ損だ、というように時代の人生観が変わったかもしれない。そしてそういう部分での考え方が変わった分だけ、人生に対する個々人の覚悟ぶりが変わったかもしれなかった。

いつごろから定年は、今のように社会的・世代的な大問題になったのか。昔でもそれなりの心配はあっただろうが、それでも「たかが定年」だった。それが現在では、「されど定年」として人生の一大事となったのだ。なかには、早々に四十代、五十代から定年準備を勧める本まで出て、いよいよ大ごとになったのである。

それで、定年本がいつごろから書かれているのか。アマゾンで調べてみた。正確な事実を知るのは無理だろうが、だいたいの感じがつかめさえすればいい。

最初に載っているのは、一九五七年の福原麟太郎『停年の設計』である。その次は一九六一年、毎日新聞経済部『定年準備の手引き』。次が一九六三年の源氏鶏太『停年退職』。一九六五年は、所武雄『ある朝突然に――脳卒中で定年を迎えて』と、労働省婦人少年局『女子の定年制』。その次は、一九七二年の那須宗一『定年――55歳の試練』である。これは初の新書。そして一九七五年の岡田誠三『定年後』である。

一九五七年から一九七五年の十八年間に出版された定年本はわずか七冊である。この後に出てくるのは一九八八年の白石真『粗大ゴミ日記　定年夫婦に捧げる本』である。この後は、一九九〇年の小林淳宏『定年からは同行二人』。そして一九九七年の石坂豊干『定年万歳!!　たのしいセカンド・ライフのはじめ方』と、小倉厚『定年後は山歩きを愉しみなさい』が出ている。この二冊は現在の風潮に近い。

一九九七年以後はだんだん増えてくる。一九九九年、小宮宗治『定年後　八ヶ岳いなか暮らし』などの生き方探しが出ている。一九九九年、日本造園組合連合会『定年後は庭師になって自然相手の仕事をしよう』、二〇〇〇年、布井敬次郎『定年後の海外暮らし』の移住本が出て、一九九八年、ついに重松清『定年ゴジラ』の出版に至る。これがヒットして、「定年本」が注目されるようになったと思われる。

二〇〇〇年前後から、定年本が増えている。しかし爆発的に増えるのは、やはり団塊の世代の定年が社会問題になった二〇〇五年ごろからである。一九九〇年代までは、たかが定年だった。社会問題にもなっていなかった。今でもわたしは、たかが定年、と思っている。じたばたせずに、自分で考えて「好き」にやればいいのである。ところが、されど定年、という勢力がでてきたのである。定年は第二の人生だ、自分の生きたいように生きるのだという連中である。その嚆矢が、蕎麦打ちの男たちの登場である。

定年後の「不安」は作られた

もう十年以上前になるか、やたら蕎麦打ち男たちがテレビに登場した。団塊の男たちが、定年後の趣味と実益を兼ねて、蕎麦打ちを始めた（らしい）のである。蕎麦打ち道場に、わたしとおなじ年代のおやじたちが殺到したようである。蕎麦打ち装束を着込み、蕎麦打ち道具一式を買い込んで、その気になったおやじたちが、なにがうれしいのか蕎麦を打ち、家族や同僚たちにふるまったのである。

わたしは、なんで蕎麦打ちなんだ、と思っただけである。うどんのほうが好きだな、と思ったが、そんな問題ではなかったらしい。みんなは蕎麦が好きなのだ。それはいいが、ソバ、自分で打ちたいか？　どこから来た欲求なんだ？　うどんは庶民的だが、蕎麦はちょっと高級で深い感じがする。そういう意味もあって、蕎麦打ちなのか。

元々、定年と蕎麦打ちとはなんの関係もありはしない。だれだ、おれは定年後、蕎麦が打ちたいのだ、と最初に蕎麦を打ったやつは。それがなぜか多数の賛同者を生み、それが全国に燎原の火のように広がった、とは大げさだが、「なんだか団塊おやじたちに蕎麦打ちが人気のようですぜ」ということで、テレビが取材をしたのである。横並びは日本のテレビ局の得意技だから、あっという間に全国的に知れ渡ったのである。

これで「蕎麦打ち男」も注目されたが、団塊の世代の「定年」も注目された。順序が逆か。社会的には、団塊のおやじたちが持っている技量をどう引き継いでいくのかという後継者問題が大きかったが、銀行、保険、出版、旅行、テレビ局は「定年」が金になる、というところに注目したのである。なにしろ団塊は数が桁違いに多い。それからは、陶芸、田舎暮らし、海外移住の話など、やたらと定年後の生き方の話題が多くなったのである。

それと同時に、定年退職者たちの不安をかきたてるような風潮がでてきた。市場として成立させ、拡大していくためには、不安を煽って不安産業化するのが手っ取り早い。健康・美容産業の手口である。定年が近づいた者に、「第二の人生」（なぜか英語でも「セカンド・ライフ」）「第二の青春」という意識が刷り込まれると当時に、「お金」「仕事」「孤独」「健康」「生きがい」などの不安が煽られ、それらの不安をもって当然とされたのである。「定年」は社会的・世代的問題になり、実体以上に「定年不安」は作られたのである。

そのうえ、今や人生は一〇〇年となった、退職後あと三、四十年もあるぞ。老後資金は大丈夫か、とさらに不安が焚きつけられる。ばかばかしい。人生一〇〇年はいつのことやら知れず、たとえそうなったとしても個人には関係がない。四十年といっても、四十年が明日一遍に来るのではない。来るとしても、あなたのところへは来ない。だれが「人生一〇〇年」を声高にしゃべっているかを見たほうがいい。

定年本も最初は『定年前後の手続きのすべて』や『定年後のお金はどうなるか』などテクニカルなものが多かった。そのうち定型ができあがる。個別の「お金」「仕事」「孤独」「健康」「生きがい」などの不安に対処法を提示するというものである。そうこうするうち、やがて定年後の成功者たちが定年本を書くようになる。わたしはかくして成功した（そう露骨にいわないが）、その結果「定年後は充実しており、楽しく、成長もしている」というように、である。

その結果、だれもが定年後は「充実」し、「豊か」で「楽しく」あるべきだ、そうなるのが当然だと思うようになって、個人的な「たかが定年」は、みんなの「されど定年」にまで、一気にハードルが上がったのである。しかし、ほんとうはそんなものはないのである。毎日「充実」して「楽しい」定年後!? ないのに、あるよという人たちが新たな定年本を書くのである。ついには『最強の「定年後」』という本まで出現した。チェッ、定年後に「最強」もへったくれもあるものか。

第1章

「人生一〇〇年時代」バカ

退職後十二年が過ぎて

五十九歳半で退職してから、早いもので十二年経った。今夏七十二歳になった。なにか知らないが、申し訳ない気がする。一切成長していないし、特筆すべき心境の変化もない。いわゆる馬齢を重ねただけである。日々の生活もほとんど変化ない。新しい友人が増えたわけでもないし、新しい趣味が増えたわけでもない。相変わらず収入は芳しくはないが、アルバイトを始めたということはない。

厚生年金を繰り下げ受給にしなかったことに後悔はない。わたしの場合、六十歳ですぐにもらったのだが、繰り下げは何十歳（七十歳だったか？）からで、もしそれにしていたらどのくらい加算されるはずだったのかも、もう覚えていない。十年後というのが想像できず、それまで生きている自信がなかったのだ。

変化のないことは、いいことだと思っている。あるのは一日一日の小さな楽しみや、安寧や、どうしようもなさや、腹立ちくらいである。おもしろい本や映画に出会った、おもしろいテレビ番組を見た、うまい焼飯と餃子を食べた、胸糞のわるいニュースを見た、などの小さな喜怒を繰り返して生きてきた。そんななんの変哲もない一日をすごしていたら、いつの間にか十二年が経っていたという感じである。

一昨年の二〇一七年には、なんとか無事に十年もったなと思ったが、まったく意想外だったことに、昨年十月、いきなり脳梗塞に見舞われた。一瞬、なにが起きたのかわからなかった。まさかの青天の霹靂だった。このことについては前著『人生の正解』（幻冬舎新書）の「あとがき」に詳しく書いたから、ここではふれない。

一言しておきたいことは、もしみなさんがいきなり半身麻痺に襲われたなら（わたしの場合は右半身。立てなくなる）、躊躇することなくすぐに救急車を呼んでください、ということである。一刻も早く治療することが大事で、発症約四時間以内なら特効薬の効果が期待できるからである。麻痺になっても一旦は数分で治る。しかしそれで安心せずに（二回、三回とくる）かならず救急車を呼ぶことである。わたしは逡巡して救急車を呼ぶまでに六時間ほどかかった。それでも大きな後遺症が残ることがなかったのは幸いだった。

それまでに健康に絶対的な自信があったわけでもないが、タバコは喫い、脂ものも好きで、健康診断は二十年以上受けていなかった。だが、酒は飲まない、体重も無駄に増えてはいない、ということで、まあ大丈夫だろうとの楽観はあった。ほんと、こういう楽観はあてにならんね。しかし、もし異常が判明するとしても糖尿病や肺がんくらいだろうと思い、まさか脳梗塞にやられるとは考えもしなかった。そのまさか、が人生にはあるものである。そして実際にそうなるまでは、ほんとうにはわからない。

サンドウイッチマンの伊達みきおは高血圧で、上は一九〇くらいあるという（最高二一一までいったという）。それで降圧剤を飲んでいるらしいのだが「まあ、大丈夫じゃない？」などといっている。ひょっとしたら危ないかなとは思うだろうが、まあ大丈夫だろうと高を括る気持ちはわかる。心配事に一々万全に対応しようとしていたらキリがない。わたしはサンドウイッチマンが好きだから、心配になるが、まあいろいろな事情があるのだろう。しかしこればっかりは実際になってみるまでは、本気になれないのだ。

退職後十一年目にして、タバコをやめる羽目になった。脳梗塞が再発して寝たきりになるのが恐ろしいからである。案外簡単にやめられたが、今でも喫いたくなるときはある。そのかわり痰がまったく出なくなった。ウォーキングというものを始めた。月曜から金曜まで毎日一万歩前後を速足で歩き、自転車に乗るのは土日だけ。食事は血圧を下げるために、減塩を気にするようになった。それで体重が少し減った。七〇キロ以下という希望体重にはまだあと少しあるが。

わたしはまだまだ歩けるし、自転車にも乗ることができる。体力は明らかに落ちているが、まあまあ大丈夫である。しかし八十まで大丈夫だとは思っていない。七十五でも自信はない。あと、二年ぐらいならまあ大丈夫だろうとは思ってはいるが。

もしかしたら八十すぎまでいけるかもしれないが、まったくわからない。寝たきりになるのは嫌だが、ふつうにがんかなにかで死ぬことになるならしかたがないと思っている。わたしは意味のないことをいっている。この先、なにがあるのか、なにがないのか、わかりようがないのに。一日一日を生きていくしかないのに。

「人生一〇〇年時代」のから騒ぎ

そんなわたしには「人生一〇〇年時代」はまったく意味がない。

ここ二、三年、テレビや雑誌や本にやたら「人生一〇〇年」の文字が目につくようになった。「ヒアルロン酸×筋肉成分」のサプリメント「四季潤」の惹句は「人生100年時代　いくつになっても歩み続けるなら」である。Vortexという会社のキャッチフレーズは「100年企業」。Aflacは「人生100歳時代」。メットライフ生命も「人生100年時代」を謳う。野村證券のCMは「100年いっしょに、生きる。」。三井住友信託銀行は「人生100年応援信託　人生100年パスポート」。

なかには化粧品業界のファンケルやポーラのように、働き方改革の一環として定年再雇用の年齢上限を撤廃した会社もある。ポーラは「人生100年時代」に対応して「生涯現役社会」を目指すのだという。現在九四〇人いるすべての正社員はこの恩恵を受けることになるという（「ポーラ、生涯勤務可能に」産経新聞ネット版、二〇一八・六・一四）。こんな実質的対応をしている会社はまだ少数である。定着するかどうかもわからない。

またテレビから「人生100年の時代か」という声が聞こえてきたので、今度はどこの会社だ？　と思っていると「ニッケイ、デンシのバーン」ときた。日経電子版のCMである。なんだ「バーン」って。「版」なのだろうが、意味がわからん。かと思えばダスキンは「人生100年時代を、楽しく、豊かに、多様に」である。思い切りウソくさいCMだ。もうどんな立派なことをいっていても、すべてのCMが金儲けで必死じゃないかと思うと白々しい。演技をしている芸能人があほヅラに見える。

「人生一〇〇年」が一番多く見られるのは本のタイトルである。いくつか挙げてみる。『人生100年時代の年金戦略』『人生100年時代の稼ぎ方』『「人生100年」老年格差』『スマート・エイジング　人生100年時代を生き抜く10の秘訣』『人生100年時代！　しあわせ老後計画』『100年人生七転び八転び』『人生100年、長すぎるけどどうせなら健康に生きたい。』。これでほんの一部。枚挙にいとまがない、とはこのことである。

田原総一朗の『令和の日本革命　２０３０年の日本はこうなる』という新刊の新聞広告は「『人生一〇〇年時代』の日本はＡＩと高齢者と地方が豊かな未来を作る！」である。『寝る前1分の壁立ちで一生歩ける！』というバカでかい広告は「人生１００年時代――『寝たきり老人』に絶対ならないための必読書！」である。じつに苦々しい。どいつもこいつもバカじゃないのか。

大体ここまで盛大に「人生一〇〇年」が話題になったのはなぜか。きっかけはなんといってもリンダ・グラットン、アンドリュー・スコットの『ライフ・シフト――１００年時代の人生戦略』という本である。この本が出版されたのが二〇一六年十月。小泉進次郎がその本のことを講演で話したらしい。著者が白人で、著名なロンドン・ビジネススクールの教授で、しかも冒頭、特別に「日本語版への序文」が置かれていた、ということで進次郎はうれしくなったのか。それから話が広まり本もベストセラーになった。

その「序文」には、「１００年ライフ」という長寿化の潮流は、世界でもっとも長寿国である日本にとって喫緊の課題で、「日本は早急に変化する必要」があり、「日本の政府に求められることは多く、そのかなりの部分は早い段階で実行しなくてはならない」と書かれている。もしかしたらこれに進次郎は刺激を受けたのか？

国も、これは大変と思ったのかもしれない（あるいはなんらかの「政策」に使えるかもしれない、と）。二〇一七年九月、官邸は安倍晋三首相を議長とする「人生100年時代構想会議」を設置したのである。一冊の本が日本国を動かしたのである。

テーマは「教育機会の確保」「高等教育改革」「企業の人材採用の多元化・多様な形の高齢者雇用」「社会保障制度の全世代型社会保障への改革」の四つである。安倍首相は軽薄にも国会で「これからの人生一〇〇年時代で云々かんぬん」と発言した。もう「人生一〇〇年時代」になるのは決定したかのごとくである。

会議は安倍晋三議長以下政府関係者八人、有識者十三人を入れて（しっかりリンダ・グラットン教授も入っている）、二〇一七年九月から二〇一八年六月まで九回開かれた。二〇一七年十二月には「人生100年時代構想会議中間報告」が、二〇一八年には「人づくり革命　基本構想」の報告が出されているが、それほど実りあるものとは思えない。つまりまともに読む気がしない。それでわたしは読んでいない。

ところがその後、これ以上やってもこりゃなんにもつながらんなと、政府は店じまいをした。二〇一九年冒頭、その会議の役目は終わったとされ、なにか別の会議に吸収されたのである。このような無駄な「～会議」がいくつも作られては消え、税金が湯水のように浪費されているのであろう。

なんでもかんでも商売

わたしが『ライフ・シフト』を読んで、バカいってんじゃない、と思ったのはこの部分である（ほかにもいっぱいあるが）。著者たちは、「一〇〇年ライフ」になると「最も大きく変わることが求められるのは個人だ。あなたが何歳だろうと、今すぐ新しい行動に踏みだし、長寿化時代への適応を求める必要がある」なんてことをいってるのだ。

大学教授がこんな適当なことをいっていいのかね。「40～50代の人」の「職業人生は、少なくともあと25年続く可能性が高い」から「新しいスキルの習得に力を注がなくてはならない」。そんなこといわれてもどうすりゃいいんだ。また「60歳以上の人は突如、長寿化の恩恵を手にすることになる」といっている。ばかばかしい。あんたたちがこれからは長寿化になるぞと考えたら、現実のおっさんたちは実際に長寿になるというのかね。

二〇一八年度、日本人で一〇〇歳以上は約七万人いる。男はわずか八三三一人、女は六万一四五四人で、女が七万人の八八パーセントを占めている。この数字は住民基本台帳を基に算出されていて、都道府県の集計をしたものである。これら一〇〇歳以上の人たちの健康状態はわからない。要支援も要介護も不要な、健康な人がどれくらいいるのかわからない。「人生一〇〇年時代」と聞くと、みんなぴんぴんしているかのように思うが、寝たきりの人も認知症の人もこの数字には入っているのである。

この合計七万人が、いつになったら五〇万人になり、百万人になるのか。著者たちは、国連の推計を引いて「2050年までに、日本の100歳以上人口は100万人を突破する見込み」だという。ほんとかね。三十年後だよ。もちろん、三十年後に百万人になるならなってもわたしは全然かまわんが、国連の推計だからといってなんだ。なにがありがたいんだ。それでも女が九〇万人で、男は一〇万人だよ。

また著者たちは、「2007年に日本で生まれた子ども（現在十二歳……引用者注）の半分は、107年以上生きることが予想される」という。つまり百年後の二一〇七年には、現在十二歳の子どもの半数が一〇七歳として生きているというのだ。チェッ。だからどうしたというのか。いったいなんのための推計か？　百年後にどうなっていようと興味もないが、はっきりしていることは、わたしにもあなたにもなんの関係もないということである。百年後、このことを検証する人は世界に一人もいないのだし。

もちろん、本を書くということは、一般性について書くことである。だからそこに「この自分」のことが書かれていないのは当たり前である。だが、本を読むのはつねに「この自分」なのだ。一般性が本を読むことなどありえない。二〇一八年の日本の男の平均寿命は八一・二五年。それよりも重要な男の健康寿命は二〇一六年度で、七二・一四年（女は七四・七九年）とされる。ということは今年でわたしの健康寿命は尽きることになる。平均どおりだと、わたしはヨボヨボで、自転車になんか乗れてはいけないのである。健康寿命という考えもインチキで、いかに平均の数値は無意味かがわかる。

わたしは「人生一〇〇年」そのものに文句をいっているのではない。『ライフ・シフト』みたいなつまらん本、といっているのではない（まあ、いってるんだが）。騒いでいるのは金儲けを目論む出版社、証券会社、銀行、保険会社だけ。関係があるのは百年の計を考えなければならない国と企業であり、これからの人間だ。これからも「人生一〇〇年時代」という言葉は使われるだろうが、救いは、企業が期待したほどには商売にはつながっていないような気がすることだ。国や企業が笛吹いても国民は踊っていないのである。

「クローズアップ現代＋　〝老後２０００万円〟将来不安につけ込まれるな！　現役世代に落とし穴も……」（二〇一九・七・二）を見ていたら、経済評論家の山崎元氏がこのようなことをいっていた。他の人間は「人生一〇〇年」を枕詞のように使うだけで、山崎氏のようにほんとうのことをいう人はめずらしい。思わず膝をたたいた。

「人生100年時代ってのは、金融業界が大好きな言葉でして、要するに寿命が長いんでお金が足りなくなりますよ、というイメージを喚起できる上品な言い回しなんで、この言葉がでてきている広告っていうのはちょっと疑って考えたほうがいいですね」

そしてこうもいっている。

「その儲かる情報が本当で、本当に儲かるんだったら、自分だけで儲けていればいいのに、なぜ人に情報を教えるのか」

不安の押し売り

「人生一〇〇年」をずぶずぶに受け入れているのが、大杉潤『定年後不安――人生100年時代の生き方』（角川新書）である。著者は一九五八年生まれ。早稲田の政経をでてから、日本興業銀行に二十二年間勤め、新銀行東京の創業メンバーでもあったらしい。五十七歳で銀行員をやめた。今は会社を立ち上げ、コンサルティングや企業研修の仕事をやっているようである。

のっけから「あなたは『人生100年時代』と言われて、定年後が35年から40年もあるとしたら、どんな不安を持つでしょうか?」といっている。もう、不安を持つのが当然、持たない人はおかしい、といういいかたである。「そんなに長い期間を、果たして年金収入だけで暮らしていけるだろうか?」。ほっといてやれよ。「いざという時に頼れる家族や仲間が近くにいなくなるのではないか、という『孤独』の不安はありませんか?」。ない。だが、しつこい。「健康」に対する不安はどうですか? 不安はない。病気になってから考えればいい。

そして、これだ。「今や『人生100年時代』という言葉が、メディアにも頻繁に登場するようになり、私たちの多くが、『人生100年』と意識するようになっています」。「そして、この『人生100年時代』を前にして、長い定年後をどう過ごしたらよいかと悩む人たちが増えてきました。多くの高齢者が感じる定年後の不安は、『カネ』『孤独』『健康』の3つのKに集約されます」

まったくよくないなあ。不安になりなさい、不安になって当然です、こんな不安がありますよ、と不安を押し売りしているのだ。それに、多くの人が「意識」している、「悩む人たち」も増えてきた、と一方的に決めつけている。この人はなんの根拠もないのに、決めつける文章が多くて、杜撰である。

それに、もう「人生一〇〇年」はだれも否定できない決定事項のごとくである。わたしなんかは、「バカいってんじゃない」と思うが、大杉氏は「50歳を超える私でも、思わず100歳まで生きるのが当然、という気持ちになってきます」とか、「今や官民挙げて誰もが、『人生100年時代』に、これまでとは異なる新たな『生き方』『働き方』を真剣に考え始めたのです」といっている。もうウソばっかり。しかも幼稚。

そして「真剣に考え」た結果、大杉氏が出した結論がこれである。

「カネ」「孤独」「健康」の「3大不安」を「いっぺんに解決する最善の方法は、『85歳まで現役で働くこと』というのが、私の出した結論です」(その先の年齢も含めて「生涯現役」を目指してもいる)。そこ、ぶつくさいわない。なにがなんでも、みんな「85歳まで」働くんですよ。どんな仕事? 仕事あるかなあ? なんか考えないこと!

そうすれば「年金に加えた収入が確保できるため、長い老後であっても『カネ』の不安が減って」くるし、働きつづければ「仕事に関わる人間関係が維持できて、『孤独』の不安も感じないでしょう」。それに「毎日規則正しい生活を送ることができ、気持ちの上でも収入を得るプロとして緊張感を持って過ごすことで、心身の健康にもプラスになると思う」。ほうらね、もう一切の憂いなし。すべて万々歳。

大杉氏はまたどえらいことをいっている。「社会人1年目からビジネス書を年間300冊読む多読生活を36年間続け、累計10000冊を超える本を読破する過程」で（これだけでも度肝を抜かれるが、ウソだろ）、いずれ「人生100年時代」が到来し、「生涯現役のライフスタイルを目指す必要がある、ということを40代半ばの時に予測して行動した」ため、かれは「定年のない働き方」へシフトできたという。

つまりリンダ・グラットンとは無関係に、自分独自で「人生100年時代」の到来を予測したというのである。まあ予測したとしてもいいが、なんだかウソ八百の、いったもん勝ちの（勝ちゃしないが）、とびっきりのばかげた（ビジネス書一万冊読破）話である。大の男をつかまえて、ウソだろとか、ばかげた話というのも失礼な話ではあるが、これはしかたがないのである。ちょっとひどすぎる。

かれは「トリプル・キャリア」という考え方を披露している。一応紹介してみるね。

①第一のキャリアは会社員として「雇われる」働き方。②第二のキャリアは「雇われない働き方」で、「できれば50歳代後半」「遅くとも定年退職時」に始める。「好きなこと」を事業の軸にし、「事業理念を明確に」し、「自分だけのオリジナルな価値を提供」、人を

雇わず、「借金をしないこと」の五点を守る。③第三のキャリアは、「70歳代くらい」から、「仕事・時間・場所・仲間をすべて自分が好きなものに絞り込んで、自由に働く働き方で、これを『理想の働き方』と呼ぶ」。

大杉氏の場合「70歳になったら、大好きなハワイで『執筆業一本で食べていく』」という「夢」を持っている。これを「イメージ」するのが大事だという。勝手にしてくれ。

一〇〇年お金に困らないって、ほんとうか

「人生一〇〇年時代」とか「一〇〇歳」というモチーフは、元々著者のものというより、出版社サイドのものではないかという気がする。右の大杉氏の本のサブタイトルである「人生100年時代の生き方」も含めて。だが、どっちにしろ、「人生一〇〇年時代」や「一〇〇歳」という言葉が気になって、「定年」や「老後」に関する著者の考えが頭に入ってこない。そうでなくても、そもそもそんなことを人に教わる気がないのだが。なにしろ、大概のことは「自分の好きにすればよい」と考えているもんだから。

井戸美枝『100歳までお金に苦労しない定年夫婦になる！』（集英社、二〇一八）の謳い文句は、「この本を読んで、実践していただければ、『100歳までお金に困らない『定

年夫婦』の仲間入りです』」らしいのだが、そんなことはどうでもいい。「仲間入り」しようとしまいと、ほんとかねという気になる。だいたい前提が間違っている。

井戸はこういっている。厚生労働省の調査（二〇一六年）によると「65歳まで生きた人で男性の約四分の一、女性の約半数は90歳まで、さらに一割弱の男性と約四分の一の女性は95歳まで生きること！　確かに『人生100年時代』です」。

男の一〇パーセント弱、女の二五パーセントが九十五歳まで生きて、それのどこが「人生100年時代」だろうか。しかも信用できるはずのない厚労省の統計にすぎない。そんなことを前提にして、「100歳までお金に苦労しない」とかいっても、なにもうれしくないし、そうなりたいとも思わない。

「平均寿命が男65歳／女70歳だった1960年ごろは、定年も55歳」だったが、「現在は、平均寿命が女性は90近く、男性も85近い。持ち時間は30年と一気に延長。将来の『人生100年時代』を考えると、40年とも考えられる」。これも数合わせだけ。一九八〇年代は「老後の総不足額は2000万円」だった。しかし「人生90年で定年後が30年あるとすれば、総不足額は単純計算で3000万円、100歳まで生きれば4000万円です」。こんなことを知ってもどうにもならない。大事なことは、と井戸はいっている。このようにいいこと（というか本音）はいってくるのだ。「入ってくるお金で暮らす。借金をしない。このふたつを一生続ける」こと。そう、これだけが必要なことだ。

それにはまず定年後の必要額を知る必要があるという。井戸の「定年後の必要総額・簡易資産公式」にしたがって、定年後の「年間生活費」をだし、それから年金額を引き、その不足分を「退職金と貯蓄・金融資産でまかなえれば、大丈夫」である。

そのために年金カレンダーで定年後の収入を見える化する、とか、資産リストとやらを作ったりで、右の「必要総額」を出す。とはいえ、この計算がもうクソめんどうである。その結果、もし不足するようなら、「支出が多すぎないか、見直」し、「収入を増やす方法」と「資産を増やす方法を考える」といっている。当たり前のことだが。それにしても、こんなめんどうくさい計算、真剣にする人がいるのか。

井戸さんは誠実である。頭を絞ってくれている。お金が不足になったときが問題なのだから、そうなると無駄を減らす、ローンはできるだけ繰り上げ返済をする、借り換えや家の住み替えも検討、安いところへの引っ越しや、車もカーシェアリングを考える、と知恵を出している。保険の見直し、医療保険は不要、夫婦とも健康ならふたりで「65歳以降も働く」、あとはiDeCo、「つみたてNISA」の運用の仕方、とうるさいくらいである。

退職金の有利な貯金の仕方（大した差はないが）や、年金は七十歳まで受け取らない「繰り下げ受給」にすれば通常受給より四二％も多く受け取れる。

これらのすべてを「実践していただければ、『１００歳までお金に困らない『定年夫婦』の仲間入りです』」といっているが、それは保証のかぎりではない。だれも試したやつはいないのだから。といって井戸に、ほんとうに大丈夫なんだな、とねじこむのは筋違いである。自分でなんとかするしかないのである（井戸は出版社の意向に精一杯応えようとしただけで、無理は百も承知？）。

ちなみに井戸はこういっている。「私は無理して長生きしたいとは思っていません」し、サプリメントも飲まない。「夫や子どもにも『私は病院行かない』と公言していて、実は検診も行きません」。男らしい。

もうほんとうなのかね

残間里江子は、「『人生１００年時代』という言葉を初めて聞いた時、労働力人口が足りなくなったのでシニアをもっと長く働かせるための『たくらみ』だろうと思ったのだが、どうやらこの言葉、男性にはウケがいいらしい」と述べて、「僕、生き方を転換することにしたよ」といったという男友達の話を披露している（「もう一度花咲かせよう」『毎日新聞』二〇一八・四・六夕刊）。

かれはＩＴ企業の役員で、長野に別荘を建てて、農作業をしたり、アルトサックスのレッスン場を作ったりしていたが、「人生１００年時代にこんなことしていられないと思ったんだ。１００歳は無理でも80歳までは働けるよね。今63歳だから、あと17年もあるんだよ。もうひと頑張りして、世のため人のために何かひと花咲かせたいと思ってさ」といったという。

かれはこれまでも「数多くのボランティア活動」をしている人で、「残間さんもライフシフトをして新しいことをやらなきゃ！」と発破をかけてきたという。

もうだれにもわからないだろうからと、てきとうなことを書くのはやめようではないか。「六十三歳の男が心機一転「人生１００年時代にこんなことしていられないと思ったんだ」「もうひと頑張りして、世のため人のために何かひと花咲かせたいと思ってさ」なんていうかね（この男のモデルは実在するのだろうけど）。

いやまあ、絶対にこんなことをいうやつはいない、とはいえない。だがかれは、いったい世のためになにをして「ひと花咲かせたい」といっておるのかね。残間にも「ライフシフトをして新しいことをやらなきゃ！」と発破をかけたというが、「ライフシフト」という用語をもろに使っている。

うそでしょ、これ。「人生一〇〇年時代」の話題に自分ものっかってみた、という程度の話で、つまらない。どうしてこんな言葉に拘るのか、どんな積極的な意味があるのか。だれも本気ではなく、残間にしても、週一回の連載のヒトネタにすぎないのではないか。もしこの話がほんとうの話だとしても、「この言葉、男性にはウケがいいらしい」って、たったひとりの男に聞いただけではないか。

しかし、これは残間里江子だけのやり方ではない。話はそれるが、わたしたちは、ひとりやふたりの意見を全体の話として、日々、新聞やテレビから聞かされているのだ。事件の関係者へのインタビューや、アンケートで通行人に話を聞いたりすることが多いが、あれがもう煩わしい。おざなりのインタヴューやアンケートなどするんじゃないよ。ほんとうにそれてしまったが。

六十代で腹五分、七十代で腹四分

意外なことに五木寛之が、「人生一〇〇年時代」にまじめに反応している。「私はこの百歳人生という言葉を聞いて、いや、大変なことになったな、という戸惑いを覚えました」といっている。意外である。こんなことに、大げさに反応することはありませんど、うでもいいことです、というのではないかと思ったのに、まったく違った。五木は「人生一〇〇年」を正面から信じているのだ。

「百歳人生を生きるには、そもそも、これまで信じてきた人生観や死生観の転換が求められます。『人生百年』時代にふさわしい生き方や、人間性についての考え方を、あらためて再構築し、新しい生き方、新しい哲学を打ち立てることが必要ではないか」（『百歳人生を生きるヒント』（日経プレミアシリーズ、二〇一七）

五木寛之は現在八十六歳だが、厚労省のＨＰに「完全生命表」というものがあり、その項目に自分の数字を入れると百歳まで生きる確率がわかるというので、知人が五木のを入れてみたら、五木が百歳まで生きる可能性は三・二パーセントとでたらしい。しかし「どうしても、その姿が想像できない」。

わたしもその「完全生命表」がどんなものかと、厚労省のＨＰを見てみた。が、なんかよくわからず、わたしのパソコンもぼろで、反応も遅く、いらいらしてすぐ見るのをやめてしまった。そんなことを知っても意味はない。現在のわたしには、五木の八十六歳でさえ、奇跡的に思える。あと十四年も生きるのだ。

八十六歳の人にいう言葉ではないが、五木寛之は素直なのだろう。こういっている。人生一〇〇年の時代とは「悠々自適の、静かな老後といった牧歌的な世界ではなく、あとの五十年をどう生きるかという、人によっては重苦しさにとらわれるような、歴史が体験したことのない、未踏の世界なのです」。もう今すぐにでも人生一〇〇年が到来しそうな勢いである。しかも一部の人間だけではない、だれもが体験することとして捉えているのである。だから五木はこういう新たな年代の区切りも考えている。

「六十代の再起動――五十代で思い描いた下山を、いよいよ実行する時期。実際にこれまでの生き方、生活をリセット（再起動）する時期」「七十代の黄金期――下山の途中で、突然あらわれる平たんな丘のような場所で充分に楽しみ、活力を補充する時期」「八十代の自分ファースト――社会的しがらみから身を引き、自分の思いに忠実に生きる時期」。そして「九十代の妄想のすすめ――たとえ身体は不自由になっても、これまでに培った想像力で、時空を超えた楽しみに浸る時期」。

いっちゃ悪いが、ぞっとしない。ただし、話はおもしろい。初老になってから、大学で学ぶことのおもしろさを知った。「七十歳になって大学に顔を出す、などというのも悪くはない老後の楽しみです」。そうだろうと思う。また五木は七十代はじめのころ、寺をいくつか巡ってみないかといわれ、「いくつかじゃつまらない。いっそ百寺にしたらどうですか」「え！　冗談でしょう」といったことから「百寺巡礼」が始まったらしい。

食事は「腹八分」が持論だが、十代はめいっぱいの腹十分、二十代は腹九分、三十代は腹八分で、ここが基準。四十代は腹七分、五十代は腹六分、以下十歳ごとに一分減らしていき、六十代は腹五分、七十代は腹四分、八十代は腹三分、九十代は腹二分、百歳は腹一分は酷だろうが、「百歳を超えたらカスミを食べていただく」。

現在八十六歳の五木寛之は、食事は「一日、ほぼ一食半」。昼にそばかうどん、夜はふつうに一食をちゃんと食べて、それで終わり。「千日回峰行の行者さんのことを思えば」それでも食べすぎかもしれない。体力にはなんの問題もないという。室生寺の七百段の階段を三往復し、徹夜で原稿も書く。

ストレスはあるものとあきらめる。そのために「幸せの期待値を下げる」。五木はその基準値を「これまで体験した中で、最悪だったところに置いて」いるといっている。「それは、戦後、現在の北朝鮮の平壌から日本に帰ってくる過程で滞在した、難民キャンプでの体験です」

だから地方の講演に行ったときなど、駅前の小さなビジネスホテルに泊まることがあるが「一緒に呼ばれた若い講師は、待遇が悪いとぶつぶつ文句を言っていましたが、私は別に何とも思いません」。

そう考えれば「いま現在、私を悩ましている人間関係や経済問題、不安など、本当に取るに足らないものと思えてきます」「じつはたいしたことではないのだと思えてきます」。

そう、大概のことはたいしたことはありゃせんのである。

第2章

「すぐ死ぬんだから」のバカ

老人になりきれない

この章は「定年」というよりも「老年」について書くことになる。もっとも、定年後も老後も似たようなものである。現在のわたしの悩みは（いや悩みとは違うが）、老人になりきれないことである。客観的にいえば、わたしは見た目は完全な老人である。口を開けば、わたしも自分のことを多少の卑下や自虐を込めて「じじい」と自称したりする。しかしながら本心をいえば、わたしは自分をまだ「じじい」だとは思ってないのである。けっこう年寄りは図々しいのだ。

このことは前にも書いたことがある。世間のみなさん、老人はじつは自分のことを老人だとは思ってないのですよ、びっくりするでしょ、と。わたしはわたしの世代のことしか知らないから、前の世代の人たちもおなじ気持ちかどうかはわからない。あるいは、老人はいつの時代も老人だとは思っていないよ、というのかもしれない（養老孟司も「じじい」と思ってないといってた）。

しかし昔の七十代といえば、押しも押されもしない堂々たるじいさんだったのではないか。やはり現代の七十代は、たとえば五十年前の七十代と比べるなら、全体として見た目も考えも行動も若いのではないか、という気がする。

他の世代や他の高齢者のことはいい。わたし自身のことである。老人になれない、というこことのひとつに「着るもの」がある。わたしはいまだに一年中「ジーパン」(昔風のいい方が抜けない。今はデニム？　ジーンズ？)を穿いている。学生時代からずっとである。ときどきはコットンパンツやその類のズボンを穿いたことはあるが、基本はジーパンである。会社員をやっていたときも、私服はやはりジーパンだった。十八歳からだから、かれこれ五十年以上も穿きつづけたことになる。もうこれは変わらない。

わたしにとってはあまりにも当たり前だからなんの違和感もないのだが、人が見たらおかしいのだろうか。まあ、人は全然気にもとめやしないというのが正解なのだろうけど。兄弟のなかでも、わたしだけである。冬は上が「ジャンパー」(これも昔風のいい方。ブルゾンなんかいう気がしない)かダウンジャケット、夏は無地のTシャツばかり。靴はスニーカー(ちょっと前はサンダル)。まだリュックは背負っていない。肩掛けかばんである。五十年前に、こんなじいさんはほとんどいなかっただろう。

わたしはファッション音痴で、バカのひとつ覚えなのである。なんでこんなふうになったのかわからないが、わたしはこれが気に入っているのである。わたしの父親など絶対にしなかった服装だが、シンプルで自由で着ていて楽、というのが一番気に入っている理由かもしれない。

あとは自分なりの「男らしい」服装が好きということもある。若い時代には、VANとかJUNとかアイビールックとかヒッピーとか流行りがあったらしいが、まったく影響されていない。そもそも興味がないものだから、知りもしない。ファッショナブルという言葉ほどわたしに無縁な言葉もない。だいたい頭が三十歳ごろまでスポーツ刈り（角刈りのソフト型）一本鎗だったしね。こりゃどうにもならんでしょ。それにしてもスポーツ刈りと角刈り、いま考えると笑っちゃうけど、絶滅しましたね。

いったい何歳になったら、自他ともに認める老人になることができるのか。もうなりそこねたから、老人はやってこないのか。なんだかわけのわからない生き物—未熟老人—になっていそうな気がする。考え方も幼稚である。自分で年齢相応に成長しているとの自覚がない。こうしたい、ああしたいという希望はない。「すぐ死ぬんだから」という思いもない。だからといって、わたしは自他ともに認める老人になりたいと思っているわけではない。もうそれは無理である。

「若い」という基準だけで自分を見る

もう老人という概念が変わりつつあるのかもしれない。老人になりきれないとはいっても、どうなるのが老人なのかわからない。八十歳を超えても、キャップをかぶり、無駄にでかいスニーカーを履き、ヒップホップみたいな格好をしたじいさんがいるが、さすがに八十あたりを超えると老人を否定するのは無理な感じがする。八十とはいっても、七十五や八十五とそうちがわないこともある。たしかに全体として、昔に比べて十歳くらいは年を取るのが遅くなっているかもしれない。

が、自分のことはさておいて、そういうヒップホップじいさんを見たくはない。動きはよぼよぼのくせに、格好だけ若い、というのも好きではないが、元々ヒップホップの格好が好きではない。わたしはまだ昔の人間だから、古いものに親和的である。じいさんの典型といえば笠智衆や宇野重吉を思い浮かべる。殿山泰司はいやだ。といって、笠智衆のようになれはしない。理想でもない。ただ好きなだけである。

橋本治がこのようにいっているのを読んだ。「ああ、そういうことか」と肚に落ちた。やはり橋本は偉い。

「誰もが『自分の老い』の前ではアマチュアなのです。つまり、分かったようなことを言っても、自分の老いの形はそんなによく分からないということです」。そうか、わたしは老人の「アマチュア」だったのだ。さらに橋本は、「年を取る」ということは「矛盾」で、「体の方は年を取って行くけど、脳味噌の方はそれがよく分からない」のだ、といっている。すっきりする。

もう間然するところがない。だから人間は実感として「若い→まだ若い→もうそんなに若くない→もう若くない→老人だ」と若さを小刻みにわけ、それぞれの段階の若さにしがみつくのだ。「人が『老人』と言われるのをいやがるのと同じくらい『中年』と言われるのをいやがるのは、そうなると『若さ』とは無関係の生き物になってしまうからではないのかと」思うからである。

「若さ」とは「できる」ことを意味する。だから老人は車の免許の返納をしたがらないし、「あっちのほうもまだ現役」などとつまらんことをいいたがるのは、「できなくなる」自分を認めたくないのである。わたしは今年、唯一持っていた自動二輪の中型免許を返納したけどね。もう運転は無理。あっさりと認めてしまった。

橋本はそれを「往生際が悪い」というのではなく「若い段階で人格形成が起こってしま

うから、事の必然として、『自分＝若い』という考えが自分の中心に埋め込まれてしまうのだと思います」といっている。「『老い』を認めたくないから『まだ若い』と言い張るのではなくて、『若い』という基準しか自分を計るものがないから、ついつい『まだ若い』になってしまうのでしょう」

これが決定打だ。「『若い』という基準しか自分を計るものがない」。いわれてみれば、たしかにそのとおりで、わたしが老人になれないのもたぶんこれである。「戦後という急激な転換で困ってしまうことが一つあって（もっとあるかもしれないけれど）、それは『年寄りを古臭いと思って軽んじる』という風潮ですね」。だから「『自分はまだ若い。年寄りなんかじゃない』と思いたがるんでしょうね」。「物事の基準が『若い』というところにあるから、そこから離れられない。『離れたら終わりだ』という気があるから、『老いる自分』が認められない」（『いつまでも若いと思うなよ』新潮新書、二〇一五）。

昔の老人はどうやって、年をとっていったのだろう。こういうことさえ考えなかったにちがいない。自然過程として、老いていったのだろう。いるのは自分の年老いた親であり、周囲の老人たちだけである。かれらから教わり、かれらを見て、老いの所作を覚えていったのだろう。団塊の世代は戦後を生きた。前半は伝統的な価値観のなかで、そして後半は、新時代の情報を浴びて価値観が分裂した。老人になりきれず、中途半端なじっちゃん坊やになってしまったのである。

「すぐ死ぬんだから」？

年をとる。皮膚はたるみ、目の下の袋もたるみ、シミはでて、筋肉もたるみ、目も耳も衰え、記憶もあやふやになり、コンビニのレジで計算ミスをし、なにやら加齢臭という臭いも出てるようで、とにかく汚い。「ただでさえ年寄りはきたないものだから」といったのは歌舞伎役者の四世沢村源之助だ、と橋本治が書いていた。わたしにもこの全部について、身に覚えがある。そういえば、きれいな部分はないな。

年を取れば、誰だって退化する。／鈍くなる。／緩くなる。／くどくなる。
愚痴になる。／淋しがる。／同情を引きたがる。／ケチになる。
どうせ「すぐ死ぬんだから」となる。
そのくせ、「好奇心が強くて生涯現役だ」と言いたがる。
身なりにかまわなくなる。

なのに「若い」と言われたがる。
孫自慢に、病気自慢に、元気自慢。
これが世の爺サン、婆サンの現実だ。
この現実を少しでも遠ざける気合と努力が、いい年の取り方につながる。間違いない。
そう思っている私は、今年七十八歳になった。
六十代に入ったら、男も女も絶対に実年齢に見られてはならない。

こう気張りまくっているのは、内館牧子の小説『すぐ死ぬんだから』（講談社、二〇一八）の主人公のばあさんである。読まれた方も多いのではないか。この七十八歳のばあさんの「いきり」は内館の実感かと思ったら、内館はまだ七十一歳である。まいったね。一九四八年生まれで、わたしより一歳若いのである。もうこの差はいまさら意味はないが。『終わった人』がベストセラーになったあと（これは映画化もされた）、つぎに出したのがこの『すぐ死ぬんだから』である。これまた売れたようである。羨ましいぜ。
わたしはよせばいいのに、二作とも読んだ。売れるには売れるだけのものがあるはずだから（ほんとうは納得できるような理由などない）、一応それを探りたいと思ったのである。

いったい世の年寄りたちは（おばさんたちが主だろうが）、なにがおもしろくて内館を読むのか。わたしは内館とはまったく合わないのだが。

主人公は七十八歳のばあさんで、名前は忍《おし》ハナ。このばあさんがなぜか頑なに「六十代に入ったら、男も女も絶対に実年齢に見られてはならない」と思い込んでいるのである。これは絶対に実年齢より若く見られなければならない、ということなのか。つまり、「え、七十八歳？　うそでしょ、全然見えませんよ。まだ七十前だと思ってましたよ」といわれるような。しかし、なぜ若く見られなければならんのか。このばあさんも、自分を計るのが「若さ」という基準だからである。

で、このハナばあさん、当然おしゃれには気を遣っているのだ。日曜の銀座を「三センチとはいえハイヒールを履き、鮮やかなビリジャングリーンの薄手のセーターに、大ぶりのネックレス。それは黒と白のプラスチック製で、太い鎖になっている。スカートは同じように黒と白の大胆な幾何学模様。これらが鮮やかなセーターとよく合う」「ネイルもサロンでやってもらっている」

それでその自分の姿をショーウィンドウにチラッと映してみて「よしッ」と内心呟く。「絶対に七十八には見えない。自信がある。それだけの努力はしているし、気合も入れている」

このファッションがどういうものか、まるで見当がつかない。それに七十八歳のおばあさんがどんなばあさんなのかのイメージがちっとも湧かないのだ。調べてみると、岩下志麻、田嶋陽子、長山藍子、倍賞千恵子、日色ともゑという人たちがその歳に該当するらしいのだが、弱ったね、みんな若い時分（もしくは中年）の姿しか思い浮かばず、現在の姿がさっぱりわからないのだ。

この人たちはあの老優総出演番組「やすらぎの刻〜道〜」にも出ていず、まったく参考にはならなかったのである。この忍ハナ、身長は何センチ？　スタイルは？

「私ら平均寿命まであと十年ないじゃない。どうせすぐ死ぬんだから、生きてる間は着たいもの着て、若々しく楽しみたいと思わない？」。そりゃあまあ、なにをどう着ようと自由である。現在は多様性の権利を許容しなければいけない時代だから、こいつはあきらかにおかしいというものまで認めなければならないのだが、しかしそれでいいのかね。

で、このハナが銀座でシニア向け雑誌の女性デスクに声を掛けられ、「こんなステキな人、いるんです」という人気ページに出てもらえないかと依頼される。案の定、こういう会話。「私、今年七十八になったんですよ」「えー!?　ウソ、ウソ！　七十八!?」。そのデスクが、近くで待っていたカメラマンやヘアメイクの男女にいう。「七十八歳なんですって」。するとまたその反応が「えーッ！　絶対見えない！」。カーーッ、バカくせえ。こういうところが中年女性の読者にはおもしろいんだろうか。

家に帰ると夫の岩造が待っている。七十九歳。老舗の酒屋を経営していたが今は息子に譲っている。岩造は家にいながら、「ダークオレンジの薄手のセーターにベージュのコットンパンツ。首には渋いオリーブグリーンのペイズリー柄のアスコットタイ」という格好である。当然、ハナが「コーディネイト」してやった。禿げているが「禿げも含めてダンディだ」とハナは思う。どゆこと？　麻布のマンションに二人暮らし。

その岩造が転倒し、硬膜下血腫とかで急死する。死んだあと、岩造に四十年来の医師の愛人がいたことが発覚し、隠し子がいたことも判明。で、はちゃめちゃの騒動に発展していき、もうくそめんどくさいのだが、やはり小説だから無理やりにでも盛り上げなければね。しかしここまで（前半の三分の一）我慢してきたが、わたしはもうまったく読む気がしない。お手上げである。二作とも読んだ、と書いたが、ウソ。途中でやめたのだが、最後まで読んだ人、これはほんとうにおもしろかったのか。

アマゾンのレビューを見ると、「一気に読みました」とか「必ず家で読みましょう！　爆笑します」などと評判は上々である。弱ったね。とても信じられない。わたしにとって、この本を最後まで読めというのは拷問である。これだから本の評価はむずかしい。

結局、内館牧子はなにをいいたかったのか。「楽が一番」というのは老人の退化した精神で、「出た！　つまらない女が好きな『人は中身』」といい、「老人が一番避けるべきは『自然』だ」といっている。「自然に任せていたら、どこもかしこも年齢相応の、汚くて、緩くて、シミとシワだらけのジジババだけになる。孫の話と病気の話ばかりになる。（略）それに抗ってどう生きるかが、老人の気概というものだろう」。「外を磨く女は、クソババアになってはならない」というのが内館の本心か。

八十代の見た目格差などあるのか

「もうすぐ死ぬんだから」とは、年をとったらもうじたばたするんじゃない、と年寄りを肯定する言葉だと思っていた。ところが、この言葉はもうなにもしたくない、と怠惰な自分を許すための老人の言い訳である、と否定的に使われていたのだ。「あとがき」にはっきりと書かれている。

同じ高齢であっても、外見を意識する男女もいる。スキンケアから衣服に関するまで気を配る。これは楽なことではない。だが、自分に課している。

昔は定年後の人生はそう長くなかった。しかし、現在は職場と墓場の間が長い。六十五歳で職場を去ったとしても、あと二十年かそれ以上を生きる人はざらだろう。なにしろ、私たちは「人生百年」の時代に生きているのだ。

「すぐ死ぬんだから」というセリフは、高齢者にとって免罪符である。

それを口にすれば、楽な方へ楽な方へと流れても文句は言われない。「このトシだから、外見なんてどうでもいいよ」「誰も私なんか見てないから」「このトシになると、色々考えたくない」等々が、「どうせすぐ死ぬんだからさァ」でみごとに完結する。


「なにしろ、私たちは『人生百年』の時代に生きているのだ」となんの留保もなく、いいきっている。あ、これは使えるな、と思えば、自分で考えてみることもなく、便利な言葉としてなんでも使ってしまうのである。それにしても「人生一〇〇年」、ほんと流行ってるなあ。どこにでも出てくるが、なにがそんなにうれしいのか。

内館は、ある八十代中心の集まりに出たとき、「免罪符のもとで生きる男女と、怠ることなく外見に手をかけている男女に、くっきりと二分されている現実」を「思い知らされた」といっている。もう、ウソでしょ。「残酷なことに、同年代とは思えぬほど、外見の若さ、美しさ、溌剌ぶりには差が出ていた。そして、外見を意識している男女ほど、活発に発言し、笑い、周囲に気を配る傾向があった。たぶん、自信のなせる業だろう。あの時、外見は内面に作用すると実感させられたものだ」

ウソですな。八十代の男女の「外見の若さ、美しさ、溌剌ぶり」に、なにをどうしたら差がでるのか。だいたい、こういうことをいってはいけないのだが、八十代の男女にどんな「外見の若さ、美しさ」があるのか。どっちにしろ、目くそ鼻くそ、五十歩百歩のちがいでしかあるまい。「外見は内面に作用する」も一面の真理でしかない。

そして内館は、思ったのである。「『すぐ死ぬんだから』と自分に手をかけず、外見を放りっぱなしという生き方は、『セルフネグレクト』なのではないか」。なにが「セルフネグレクト」かね。便利で格好よさそうな言葉を知ったからといって、すぐ使うんじゃない。なんの意味もない。それは高齢者にとっては「楽一番」で、世間体から解放されてやっと自分自身に還ってくることができたのである。

さらに内館はこういっている。「高齢者が外見への意識を持つことは、持って生まれた美醜とは無関係だ。経済的に、また生活環境的に、自分に手なんかかけていられないと言う人たちもあろう。しかし、許される範囲内でやることこそ、『意識』ではないか。それがもたらす微かな変身が、生きる気力に直結することは確かにあるのだと思う」。

もちろん「外見への意識を持つこと」は悪いことではない。質素でも自分の気に入ったこざっぱりした服を着れば気分もよかろう。わざと汚くなろうとするじいさんもばあさんもいないよ。その人なりに意識しているはずなのだ。それが内館のお気に召さなくてもしかたのないことである。ただその「微かな変身が、生きる気力に直結する」なんてことはない。大げさに考えすぎである。ちょっと気分が上がるだけだ。

六十代までの女の人は許す

中山庸子は今年六十六歳になったという。風邪をひいていたある日、鏡を見ると「どんより疲れて老いた女の人が映っていて、えっこれが今の自分……？　とショック」をうけた。そこでふと思い立ち、「赤ワインのような深い赤」のマニキュアを「左手の小指に一刷毛、色を置いただけでふっと気分が上がるのがわかりました」。

そんなことがきっかけで「おしゃれのチカラ」を活用しなければと思い、「今までは多少我慢もしてきたけれど、これからはもう断然『ラクおしゃれ』でいきます」。「60歳からの私たちは、『しんどくない自分流のおしゃれ』が許されるスペシャルな年齢なのではないか、と思っているのです」（中山庸子『60歳からのおしゃれのコツ』海竜社、二〇一九）。まあ「スペシャルな年齢」などないと思うが。わたしも一々ケチをつけるんじゃない。

ふだんわたしは、こんな本はまったく読まないし、読んだとしても、まともには読まないのだが、ふんだんに掲載されているイラスト画につい見入ってしまった。

ワンピース、ロング丈、ストール、帽子、アクセサリー、靴、バッグなどなど、六十代らしき婦人がそれぞれ着用している絵がいいのである。まさか中山本人が描いたのか？と思っていたら、そのまさかで、驚いた。中山庸子はイラストレーターでもあったのか（元々、こっちが先か）。それで、絵に描かれたモデルがきれいなのである。中山庸子本人の顔とスタイルがモデルか？　と思ったが、これはそうではないようである。残念。

おしゃれは、けっこうなことである。女の人は許す。六十代くらいまでは（これは冗談ですからね。わたしなんかが許すも許さないもない）。が、七十八歳のばあさんはいけない。まあ、いけないこともないのだろうが、現実的にどうなのかね。マニキュアを「左手の小指に一刷毛、色を置いただけでふっと気分が上がるのがわかりました」という気分は、男のわたしにもわかる気がする。マニキュアだけでなく、靴、帽子、バッグ、マフラー、アクセサリーなどでもそうだろう。

高血圧対策と減量対策で、ウォーキングが義務のわたしは、今夏、ついにあれほどバカにしていたキャップを被ることにした。かねてじいさん御用達のキャップを苦々しく思っていたのだが、おれは被らないぞという覚悟は前から崩れそうになっていて、たまに店なんかで試してはいたのである。ところがキャップ、ハンチング、登山帽みたいなもの、を被ってみるが、どれもまったく似合わないのだ。

なぜか、と考えたときに、おれは顔がでかすぎるのだ、ということに気づいた。スティーブ・マックイーンみたいな小顔だったらなんでも似合うのになあ。二つちがいの弟に、おれはなに被っても似合わんのだよな、というと、じじいになって似合うも似合わんもあるか、といわれ、そりゃそうだ、と思い、今は被っているのである。夏にも歩かなければならんから、しかたがない。そしてこれが、気分がほんのちょっと上がるのである。

中山庸子のイラストブックを見ていると、いいなあと思う。しかしわたしは、男のおしゃれには興味がない。そういうふうに育ったし、そういうふうに自分で自分を育てたので、これはもうどうしようもない。男がリップクリームを塗るなど言語道断である。これはおしゃれではなかったか。

ところが、おしゃれ好きのじいさんというものはいるもので、マイクロソフト日本法人の元社長だった成毛眞はさりげなく、「外出着に関しては『ユニクロ』で買うのが一番いいと思う」などといっている。まあこれくらいの書き方ならまあいい。大しておしゃれじゃないし。ほんとうなら「ユニクロが一番楽で好きである」のほうがいい。

ところがどうしても、ついこういうふうにいいたくなるんですな。大きなお世話なんだけど、本人は気づかないんだね。「色やデザインは好みでいいと思うが、若作りしすぎず、渋くなりすぎず、実年齢が何歳であっても。40代半ばくらいのイメージがいいだろう。40歳ぐらいの店員がいれば、コーディネイトを頼んでみてもいいと思う」

いったんアドバイスを始めたら、もう止まらなくなってしまう。困ったもんだ。全身ユニクロに抵抗があるなら「ワンポイント」なにかを足すといい。自分は夏なら「PAPAS(パパス)」というブランドのアロハシャツ、デニムだけは「リーバイス」とか。スニーカーは「ニューバランス」や「ナイキ」「アディダス」など、「若者も履いているブランドのものがいい」。室内着は家で過ごす時間が多いから「ちょっといいものを身につける」。

自分がアドバイスしたからといって、読者がそのとおりにすると思っているのかね。でもそんなことはどうでもいいんだろう。いいたいことさえいってしまえば。

大きな世話はこんなところにも及んでいる。パジャマも「できるだけいいものを着る」。サイズは普段Mサイズの人も「XLを選ぶのがいい。ぶかぶかくらいが快適だからだ」。うん、これは賛成である。室内着とパジャマは着分ける。「一日中、パジャマで過ごすというのは怠惰だし、生活のリズムを乱してしまう」(『俺たちの定年後——成毛流・60歳からの生き方指南』ワニブックスPLUS新書、二〇一八)。

おっさんでもこういう人がいるんだねえ。しかし中山庸子がイラストに描いたような六十代女性ファッションは、たとえばわたしが住んでいる埼玉の町には似合わないような気がする。それなりのファッションにするには、街の雰囲気や環境もそれなりでなければいかんのではないか。白金とか自由が丘とか。いや実際、中山庸子が描いた絵を見てみてよ。描かれているイラストは芸能人クラスである。まあこう描くしかないとは思うが。

実際、わが町をこのようなファッションで六十代の人が歩けば、お? と見るだろう。さらに、もし顔スタイルともにイラストに描かれたような人ならば、おお、こんな人がわが町にいるのか、だれだろう、と目が釘付けになるだろう。釘付けにはならんな。まあそれだけのことだが、どっちみちいないね、そういう人は。都会のなかでも都会、でないといないのである。いっちゃ悪いが、足立区や板橋区ではむり。ごめん。

都会での話ばかりじゃないか

内館が書いていた「ある八十代中心の集まり」というのも、外見に気を遣ってない男女と、どこから見ても高級で上品な男女の集まりということか。どんな集まりなんだ。どんな集まりにせよ、また中山の六十代女性の「ラクおしゃれ」にしても、都会での話である。しかもそのなかにも差異は存在する。足立区や墨田区、荒川区はちょっとだめ。だめというのもナンだが、「鮮やかなビリジャングリーンの薄手のセーター」は似合わない。地方でも、札幌、仙台、名古屋、大阪などの都市も、おなじ都会である。だがもちろん、定年退職者も老人も都会ばかりなわけはないのである。

考えてみると、定年本も老年本も著者のほとんどは、というより全員、東京在住（近郊含む）の人間たちではないのか。定年退職者も老人も、無意識のうちに都会の話になっているのである。わたしもそうである。つい全国に通用すると思って書いているが、考えてみれば無神経な話である。

それでも、わたしが住んでいるのは埼玉、勤務したところは神田、勤めた会社は零細ということで、都会のなかの「田舎人」の条件は揃っているほうである。暮らしは庶民、家は狭小、価値観は古い。なのに意識はやはり都会なのだ。ちいさな市や町の退職者や老人の話も聞いてみたいが、そういうわけにもいかないか（岩波書店版の『定年後』や加藤仁氏の『定年後の8万時間に挑む』などは、地方の人にも取材はしているが）。

ところがその反対に、テレビ番組「人生の楽園」などになると、これはもう田舎ばかりである。大都会のなかの退職者などはひとりも紹介されない（初期のころは、街中の退職そば屋があったか）。いかにも田舎が、第二の人生らしく、夢を実現した定年退職者の成功例としてふさわしいのだろう。都会ではつまらないのだ。

すぐ死ぬんだから見た目なんかはどうでもいい、「楽が一番」というのも、すぐ死ぬんだから着たいものは着なくちゃ、好きなことはしなくちゃというのも両方ありうる。「『すぐ死ぬんだから』というセリフは、高齢者にとって免罪符である」と内館は書いているが、たしかにそういう意識は多少あるかもしれない。ただし、高齢者にどんな「罪」があるのかはあきらかではないが。

「楽が一番」の罪が、自分の見てくれをかまわなくなる言い訳であるなら、「外を磨く女」の罪はないのか。「若さ」を僭称する罪か？　まあそれもどうでもいい。その「若さ」に騙される人も感心する人もいないのだから。内館牧子が、高齢になっても女を「磨く」ことにうるさく、成毛眞も男のおしゃれにうるさいようだが、それはかれらが都会派だからである。そして、かれらはその意識に相応しいような生活をしているからである。よく知らないが。そういう老後があるのはけっこうなことである。

しかし、田舎（地方の町）のおばあさんたちは、茶系の洋服を着こんだ軍団七、八人でマクドナルドやベローチェに大挙押し寄せるのである。それが気楽で楽しいのである。それで全員一緒に座れねえか、と無理をいうのである。じいさんは朝っぱらから電車に乗り、楽しそうに競馬新聞を読むのだ。昼はパチンコに行き、夜になると、またひとりで日高屋に行き、空豆をつまみにハイボールを飲むのである。大満足というわけではあるまいが、それで文句はないのである。

「これが世の爺サン、婆サンの現実だ」

これだけが田舎の現実ではないが、まぎれもない多数派の現実である。「この現実を少しでも遠ざける気合と努力」や「男も女も絶対に実年齢に見られてはならない」などは、都会派のたわごとなのである。

第3章

「老後あと二〇〇〇万円必要」のバカ

世間では二〇〇〇万円どころじゃない

わたしは九年前の『定年後のリアル』のなかで、定年後における三つの不安を、お金、生きがい（やりがい）、健康ではないか、と書いた。その後、いや一番の問題は孤独ですよ、という本も現れたりしたが、もちろんなんでもよろしい。ところが今年、金融庁が老後には厚生年金以外に二〇〇〇万円が必要だと発表してから、やはりなんだかんだいっても、一番問題なのはお金だということが、いっぺんに問題化したのである。

金融庁では「人生一〇〇年時代」を踏まえて、男六十五歳以上、女六十歳以上の夫婦が年金だけで生きるには毎月五万円が不足すると計算した（食費を六・五万円とするなど、支出明細を適当に設定した結果）。そして、そこから二十年生きるとすると一三〇〇万円、三十年生きるとすると二〇〇〇万円の資産が必要になると発表したのである。

すると、え？　知らなかったなあ、国の年金政策の失敗じゃないのかと、野党政治家やマスコミがわざとらしく、一斉に騒いだのである。慌てた麻生太郎金融相は報告書は表現が不適切とかいって、受け取らなかった。

いまさら、なにをいってる？　二〇〇〇万円不足？

世間ではそれまでに退職後は四〇〇〇万円必要とか六八〇〇万円必要とか、なかには一億円も必要などと、散々問題になっていたではないか。その金額も定年後に必要な生活費の総額なのか、月々の不足分の総額なのかが入り乱れて、わけわからなくなっていた。

どっちにしろ、二〇〇〇万円どころではなく、金融庁などとは関係なく、年金だけで足りないことはすでにだれもがわかっていたことである。野党やマスコミは話題にするためにわざと騒いでみせたのである。そんな金はないぞ、どうしてくれるんだと、一部声を上げた老人たちもいたようである。

だれもがわかっていたことだが、国がいうな、ということである。しかも月五万円、合計二〇〇〇万円という具体的な数字をだされたのでは、騒ぐしかないではないか、ということだったのであろう。だが、他の多くの問題がそうであるように、この問題もぐずぐずしたままなにも解決せず、いつの間にかぽしゃってしまった。しかし今年、定年（還暦）を迎える六十歳の二五パーセント、つまり四人に一人は貯蓄額が一〇〇万円以下だという。麻生大臣が報告書から遁走しても、問題は消えないのである。

健康も生きがいも孤独も、不安のありどころがはっきりしない問題だ。お金だけ、あるかないかがはっきりしているのである。いやでも数字として目に見える。血圧だって目に見えるぞ、上が二〇〇〇だがどうしてくれる？　といっても、降圧剤という手はある。金がないというのはどうにもならない。あるなしの影響は生活に即効性がある。

それにお金のあるなしは、くそいまいましいことにその人間の甲斐性の問題にもかかわってくる。おなじ年数を生きてきて、あの連中とわたしとのこの差はなんだ？　というように。いつもくらべるのは同年代である。あっちは何事もうまくやっていて、それにくらべ、自分は怠惰で要領が悪くて運がなく行動力も決断力もなかったとでもいうのか、と思ったりするのである。その結果が「二〇〇〇万円くらいなら大したことはない」という「上級高齢者」と、貯蓄の少ない「下級高齢者」の差となったのか。

どこが「超高齢社会の最強の人生設計」か

「あなたの未来は上級高齢者か、下級高齢者か――令和時代の『分かれ道』はここにあります――」という週刊誌記事がある（『週刊ポスト』二〇一九年八月一六・二三日号）。そこになんでも針小棒大にいいたがるあの橘玲が記事を書いている。「『老後資金2000万円不足問題』の本質は、老後が長すぎることにある。20歳から60歳まで40年間、サラリーマンの夫が年金保険料を納めただけで、夫婦が100歳まで、二人合わせて計80年間安心して生きていけるなどという法外な話があるはずはない」

六十歳から二人で四十年、合わせて「計80年間」（なんで合わせた？）というのがちょっとバカだが、だれも二人とも一〇〇歳まで生きるとはいっていない。が、まあいい。では「安心して生きて」いけないとすると、どうするのか。

「唯一の答えは『老後を短くする』ことだ。60歳の定年時に貯金がなくても、80歳まで働けば『老後』は40年から20年に半分になる。生涯現役なら『老後問題』そのものが消滅する」。そのためにも「健康でいること」が必須だ。橘も、もう「夫婦が100歳まで」生きることを当然の前提としている。まあそのことはいい。妻も働かなくてはいけない。

橘玲の知り合いの女性は、「40代半ばから学習教材の会社で契約社員として働き始め」、「今では時給2000円で週3日ほど」働いている。「70歳まで働きたいといっているから、生涯収入は5000万円を超えるだろう。これだけのお金があれば、老後生活は大きく変わるはずだ」

どういう計算かわからないが、たったひとつの事例を挙げて、すべてがうまくいったときの話をされてもなあ。また現在は年金の繰り下げ受給は七十歳が上限だが、橘は、今後は「75歳や80歳までできるようになるだろう」といって、「仮に80歳まで繰り下げるとすると」と、まだ実現してもいない制度の架空の計算を始めているのだ。アホである。そうすると「65歳時点で月額20万円の年金が月額40万円になる」。そりゃなるかもしれんが、いったいいつの話だ。六十五歳から八十歳まで十五年間繰り下げるのか。その間の収入は、働いて稼ぎださなければならない。

だけど、橘にはそんなことはどうでもいいのである。八十歳で月四〇万円の年金があれば「大した貯金がなくても老後に不安はないだろう」と、まるっきり架空の計算をして、今すぐにでも実現する現実の話のように提示している。もう無茶苦茶である。

「金融資産をもたない50代のサラリーマンが、10年間で2000万円を貯めるのは不可能だが、働くことは健康であれば誰にでもできる。『長く働いて年金を繰り下げる』が超高齢社会の最強の人生設計なのだ」

もう自信満々でいい切っている。なにが「超高齢社会の最強の人生設計」だ。「設計」という言葉が恥ずかしい。ただの思い付きの計算にすぎないが、橘はちょいちょいおかしなことをいって、全然平気である。どうしたらいいのかが困難なのはわかるが、こんなでたらめはいけない。橘玲、ちいとばかしバカである。

この特集の週刊誌が出たおなじ週に、似たような定年・老後特集を『週刊現代』も組んだのである。「60歳から始まる新・日本の階級社会」という特集である。「全国民必読」とあるが、そんなわけはないだろ。興味をひかれたこのふたつの特集を読まれた方もいるだろう。しかし、読んでない方のために一応お知らせしておこう。

それによると現在の日本は五つの階層に分かれている（野村総合研究所の二〇一八「NRI親リッチアンケート調査」による）。１「超富裕層」は資産五億円以上。２「富裕層」は一億円以上五億円未満。３「準富裕層」は五〇〇〇万円以上一億円未満。４「アッパーマス層」は三〇〇〇万円以上五〇〇〇万円未満。ということで、この四つの階層の資産総額は八六六兆円だが、日本の全世帯の上位二割が日本の個人資産の約六割を保有しているという。この後に５「マス層」があり資産は三〇〇〇万円未満である。全世帯数の八割がこの層だという（『週刊現代』二〇一九年八月三日号）。

さて、あなたはどの層に所属しますか、というのかね。

まあ多くの金持ちの事例が紹介されている。六十八歳の八億円資産の男。調理器具メーカー社長。週一で「点滴カクテル」を打つ。これが一本五万円。月に二〇万円。二十五歳年下の妻も月二で打つから合計三〇万円。千葉館山に別荘があり、今夏はふたりでモナコに行く予定。一回の海外旅行で五〇〇万円はつかう。アメックスの「センチュリオンカード」の年会費は三五万円。

記事は「日々のお金に苦しむ貯蓄200万円以下の高齢者が450万人（うち100万人は生活保護受給者）いる一方で、明日はどうやってお金を使おうか悩む高齢者が120万人いる」と書いている。

他にも、入居金一億七〇〇〇万円の超高級高齢者住宅に入居する者、高額医療サービスを受けられる「京都メディカルクラブ」の入会金三八〇万円（年会費二八万円）をポンと払う男、二億円の「聖路加レジデンス」に入居する資産八億円男。六泊八日のヨーロッパ旅行に二〇〇万円使う者、五九〇万で世界遺産を巡る旅をする者、孫を一〇〇〇万円払ってスイスのボーディングスクール（全寮制学校）に留学させるよう娘夫婦を説得する不動産業の六十八歳資産五億円男、などなどが紹介されている。探せばこういう話はいくらでもあるだろう。

記事を書いた記者は「ここまで、高齢富裕層向けのサービスを紹介してきたが、老後の生活費をどうやって賄おうかと悩んでいる人々からすれば、甚だ不愉快な話ばかりだろう」と書いてくれている。気遣い、ありがとな。軽く読みとばしたよ。

銀行はあなたの老後がどうなろうと無関心

別世界の話はそれくらいにして、庶民にとってもっと楽しくなるような話をしよう。講師は庶民の味方、荻原博子である。

彼女の『年金だけでも暮らせます――決定版・老後資産の守り方』（PHP新書、二〇一九）には、「定年時に3000万円の貯蓄が必要」といわれる、と書いてある。しかし荻原のいいたいことはこれである。そういうふうに、世間では定年後に貯蓄がいくら必要だとか、「定年後に破綻する『老後破産』が増えるといわれていますが、老後を年金だけで暮らす『勝ち組』も、実は多く存在します」。

そうなのか。もしそれがほんとうなら、心強いことではないか。「年金だけで」というからには、貯蓄もなく、定年後に働いていなくても大丈夫、ということなのだな。「勝ち組」なんかはどうでもいいよ。

「この人たちは何も特別なことをしていません」と荻原はいって、ただ「正確な情報を得て、現行の制度を活用すること」と、「出費を最低限に抑えて、現金を減らさない」こととという「2つを徹底しているだけです」といっている。そんなことをいって大丈夫なのか、と心配になるが、頼むぜ荻原さん。あなたが庶民の味方であることは、疑っていない。

荻原は、銀行の窓口に相談に行くと、総務省が出している「家計調査報告（家計収支編）二〇一七」をもとに作成された「高齢夫婦無職世帯の家計収支（二〇一七）」というものを見せられる、といっている。

それによると、これは夫六十五歳以上、妻六十歳以上のケースだが、年金収入だけでは月々の収支は五万四五一九円マイナスで、二人であと三十年生きるとすれば、一九六二万六八四〇円不足することになるという。それだけではない。しかも「これは生活費だけで、介護や医療のお金は入っていませんから、これを含めると5000万円くらい用意しておかないと、安心な老後を迎えることはできませんよ」と説明されるらしい。

これを聞いてほとんどの人はびっくりする。そりゃそうだろう。六十歳以上の高齢者世帯でそんな貯蓄があるのは少数の人だけで（四〇〇〇万円以上貯蓄のある人は一七・六％）、平均貯蓄額は二三八四万円、中央値は一六三九万円である（「高齢者世帯の貯蓄現在高階級別世帯分布　二〇一七」）。

そこで銀行は「『豊かな老後を過ごすために、投資で増やしましょう』となけなしの退職金で投資をするように勧めてきます」。これだけが銀行の狙いである。油断も隙もあったもんじゃない。だが金融庁のデータによると「２０１８年の3月末時点で、銀行の窓口で、投資信託を買った人の46％が損をしている」。当然荻原はこれに騙されないように、といっている。「銀行の言う数字は、あなたの都合ではなく銀行の都合で出している数字」で、銀行はあなたの「豊かな老後」などはどうでもいいのである。

「年金だけでも暮らせます」がほんとうならけっこう

あなたにとって、ほんとうに大切なことは「今ある貯金を目減りさせないこと」で、それでも不安という人は「老後のお金に対する意識改革をしましょう」。つまり「専門家に頼ろうとしない」こと、「今のリアルな生活を直視・改善する」こと、「家計最大の出費〝保険〟の正体を知っておこう」ということである。

「専門家に頼ろうとしない」というのはまさにそのとおりで、「専門家というのは、あなたの置かれている状況など理解しようとせずに、ただ数字だけを見て『こういう人には、こういう対応』という型通りの提案しかしないと思ったほうがいいでしょう」といってい る。当然である。どんな専門家であっても、統計とおなじで、あなたのことなどまったく考えてはいないし、あなたのことをなにひとつ知らない。あなたのことを知っているのは、あなた以外にいないのである。専門家をむやみにありがたがるのはやめたほうがいい。「銀行の窓口で、投資信託を買った人の46％が損をしている」ということは、54％の人はとんとんか、儲けているということだ。だが、そんなことはどうでもよく、問題はこの自分、このわたしが損をするか儲かるかだけである。そしてそのことを明言することは、どんな専門家にもできない。それにもし儲けたとして、たとえば一〇〇万円投資して、どれくらいの儲けがあるものか。大雑把な話で申し訳ないが、一〇〇万円ぐらいではせいぜい子どものお年玉程度にしかならんのではないか。

荻原は「今のリアルな生活を直視・改善する」ことについて、「資産の棚卸し」（どんな資産があって、どうすればベストかを見直す）と、「生活状況の洗い出し」（現在の生活のなかから、今すぐ改善できる点を探す）ことを勧めている。

食費、日用品、衣類美容費、娯楽費、交通費、教育費、医療費、交際費、住居費、光熱費、小遣いなどに関して、生活の無駄の見直しのポイントを示し、なるほどこんなことまでやるのか、とためになる（感心するだけで、実際にはやんないけどね。これは井戸さんも勧めていた）。保険についても見直しを勧めている。興味のある人は直接当該書にあたってもらいたい。

自分の暮らしでなにが必要か、なにが不要か、を自分で決めることに自信がない。今より情報が少なかったときは、全部自分で決めたのに、今では自分の判断で損をすることになっては元も子もないと、なんでもかんでも「専門家」に頼ろうとして、「ＦＰ」だの「家計コンサルタント」という「専門家」に教えてもらいたがる。これが愚かである。

死ぬこと（「終活」）にも「終活コンサルタント」なるものがいて、テレビでアドバイスなどしておる。いつのまにか終活コンサルタント協会などができていて、全国で終活カウンセラー初級検定をやっておる（検定料九九七〇円）。金儲けではないか。もちろん民間資格である。まったく抜け目ないのだ。

投資については、国は以前は現金で貯めようといっていたが、そのうち投資を勧めるようになり、さらには二〇一六年ごろから、「投資」というリスクを連想させる言葉をやめて、それを「資産形成」という言葉に置き換え、「それまでの『貯蓄から投資へ』のスローガンを、『貯蓄から資産形成へ』と変えました」と荻原はいっている。

なるほど、わたしは全然知らなかったが、そういう言葉ひとつの使い方にまで含意があったのか。国も銀行も国民に金を使わせようと必死である。あなたのためになりますよ、と巧言でいい寄ってくる国や銀行や会社や友人は、とりあえず疑ってかかるほうがいい。

やはり魔法みたいな方法はない

あれほど次々と投資詐欺事件が報じられるのに、いつまでたっても被害者が後を絶たない。その多くが小金を持っている人間で、もっと増やしたい、増やしてもっと将来を安心なものにしたいと思うのだろう。そして同時に、自分だけは被害に遭うわけがない、大丈夫、と思っている。それが慌てて被害者の会なんか作っても、後の祭りである。わたしはかれらに対して、同情はない。

そういうテレビ番組があった。五十四歳の会社員。老後必要になるとされる二、三〇〇〇万円は退職金であてにできるが、何歳まで生きるのか、病気になったらどうするか、それだけでほんとうに足りるのかと考えたら不安が膨らみ、そんなときに不動産投資勧誘の電話があった。そんな電話に乗るかね、と思うが、言葉巧みに騙されてアパート四棟分、二億六〇〇〇万円を全額ローンで組んだという。

結局、アパートを売却したが二億円余の借金が残った。五年か十年で十分な老後資産ができるつもりだったが、今は後悔しかないという。そのまま六十まで勤め、ふつうに退職金をもらえばなんの問題もなかったのに、自分で勝手に不安を膨らませ、それに押しつぶされたのである。

老後不安を煽り、不動産投資を勧誘していたという別の元営業マンは、手口を説明している。まず客へのアプローチの仕方として「将来の老後の資産形成はどうなっていますか？」と切り出し、「将来、30代、40代の方が年金をもらうとなると、これくらいになりますよと。それでこの金額で家族みんながやっていけるかどうか不安に思っていないかというところで、それを解消するために何か資産形成しませんか、きちんとご説明すると、ああどうしようという感じになる」（前出「クローズアップ現代＋」）。

「老後不安」を煽られると、その「不安」が作りだされ、そこに「資産形成」を巧みに説明されると、もう「資産」が「形成」された気分になる。目の前にうまい話があるのに、みすみす逃してはもったいない、と思うのか。それ以前に、電話勧誘はわたしのところにもしょっちゅうかかってくるが、話を聞く人がいるというのにびっくりする。家電話はこんな電話ばかりで、解約しようかと思う。おれおれ詐欺も減るのではないか。

荻原博子に戻るが、投資に誘い込むために「分散投資」「長期投資」「積立投資」という分け方があるという。「分散投資」はさまざまな投資に分散するからリスクが減る、「長期投資」は最終的に良い結果になる、「積立投資」は一定額をコツコツと積み立てる（iD eCo、NISA）というのだが、これらについても警告を発している。「分散・長期・積立という言葉から、『堅実、安心』というイメージを抱きがち。しかし、実態は、私たち消費者ではなく金融機関の都合でつくられた商品であることを忘れずに」。だいたい「投資というのは、経済が安定していて景気が上がり調子の時にするものです」。

それでもやってみたいという人は、自分が興味のもてる株をひとつ一〇〇万円で買ってみるといいといっている。「カモ」を引き込みたい無料の投資セミナーなど行かずに、「すべて自分で判断しなくてはならないインターネット取引で、最初から株式投資用の口座の額を決めてやること。口座にお金がなくなったら、投資もやめることができます」。

荻原は結局こういっている。正直で良心的である。

「介護費用は1人平均550万円、2人で1100万円。医療費は、2人で200万円から300万円を用意しておけばいいということがわかったと思います。この2つを合わせると、2人で1300万円から1400万円。すこし余裕をみて1500万円くらいは、老後の介護費用と医療費のために、手をつけずに取っておきましょう」

うん、残念ながら、やはり貯金ゼロというわけにはいかないのだな。夫婦ふたりとも死ぬまで頑健で病気ひとつせず、ぼけず、介護も必要としないのなら、もしかしたら年金だけで行けるかもしれない。まあ無理だろうとは思うけど。六十歳で貯金一〇〇〇万円以下の人が二五パーセントいるといわれるが、それはもうしかたがない。最低限の貯金は退職金でとっておき、生活を「ダウンサイジング」して年金の範囲内で過ごし、それでも足りなければアルバイトなどの「プチ稼ぎ」で補うしかあるまい。

荻原もまたなにも考えずに「『人生100年時代』が現実となった今」（これはアホ）とか、「地域のボランティア」で「育児や介護など、子供や高齢者と触れ合うような仕事なら、孤独を感じることもなくなり、認知症のリスクも軽減します」などときれいごとをいってるが、もう許す。荻原が考えられるギリギリのことを書いて、それでいっぱいいっぱいだからである。「年金だけでも暮らせます」というタイトルにしたって、さぞかし編集者と揉めたことだろう。わたしは荻原には甘いのである。

「理想は、お小遣い程度の稼ぎでもいいので、高齢になっても働けるスキルを身につけることです。仮に年金受給が70歳からになったとしても、75歳でも働ける選択肢を担保しておけば、慌てることはありません」。最後はちょっと置きに行ったな。荻原も専門家だが、彼女は信頼できる。数少ない、いい本である。

「ビンボーでも楽しい」ならいうことなし

世の中には適当なことを書く人や、それを本にする適当な編集者（出版社）があるものである。そしてその適当な本を楽しむ適当な読者というものも存在する。森永卓郎はときに適当な本を書くひとりで、わたしはかれは今度はどんな適当なことを書いているのか、と楽しむヘキがある。お誂え向きに『ビンボーでも楽しい定年後』（中公新書ラクレ、二〇一八）という本を書いてくれている。タイトルがいかにもテキトーでしょ？

そのタイトル通りにできることなら、どれだけいいことか。定年や老後に対して深刻ぶって、稲川淳二のように「定年後、怖いですねえ、怖いですねえ」と重く考えるよりも（たいしておもしろくはないな）、軽く楽しいほうがいい。「ビンボーでも元気で楽しい定年後」は庶民退職者全員の理想だろうが、雰囲気として、なんとなく山口瞳の『江分利満氏の優雅な生活』が思い出される。

森永は「ダブルハビテーション」の勧めなんてことをいっております。無内容を英語でごまかそうとしているが、ふたつの住居の意です。ほんとうは別荘が欲しいが、無理なので、「自宅からさほど遠くない場所に、別の住まいを構えるのです」という。森永の友だちの勝間和代は、都心の自宅の他に千葉の茂原にも一軒家を借りているという。自分（森永）はその逆で、所沢の自宅の他に都心に事務所を借りている。どっちとも知らんよ。

これは「ヨーロッパの庶民にとっては、ごく当たり前の暮らし方」だといっているが、なんの情報だ。といっても二軒分の家賃は厳しいと思われるかもしれないが、「地方の家賃はとてつもなく安いので、普段の生活をちょっと節約すれば、郊外の家を借りられます」。これが森永の真骨頂である。自分でズレたことをいっていることにまったく気づいていないのである。こういう具合に「本書は、高齢期を迎えるための生活の工夫の話だけではなく、老後にどのような生きがいを作っていけばよいのかという点にも踏み込んで、話を展開しています」。いやあ展開されちまったか。

大手銀行の普通預金金利は〇・〇〇一％、つまり一〇〇万円の年利が一〇円というばかばかしさ。そこで「預金のリターンを確保する一つの方法がポイントを活用する」ことだといって、「ポイント制度が最も充実している」りそな銀行の場合を取り上げている。りそなクラブに加入すると、たとえば給料の受け取りで毎月二〇ポイント、年金の受け取りで二〇ポイント、預入金融資産の残高一〇万円ごとに毎月一ポイントが貯まる。一ポイント一円換算である。

定期預金を二〇〇〇万円預けていれば、毎月二〇〇ポイントがつく。一〇〇万円の定期預金で年間一二〇円分のポイントがつく。普通預金金利の一二倍である。森永は「面倒くさがらずに小さなことを積み上げていく。それが、マイナス金利を乗り切る一つの方法でしょう」といい、それはまあそのとおりなのだろうが、これでは乗り切れんでしょう。だいたい〇・〇〇一％の普通預金金利がふざけているのだ。

森永は米国債投資とか、確定拠出年金とか、地震保険とか、太陽光発電とか、つみたてＮＩＳＡとか、いろいろな活用の可能性についてもまじめに書いている。が、ぜーんぜん、楽しくないのである。で、そのなかでも、楽しい部分だけを抽出してみよう。森永も適当だが、わたしのやり方も適当なのである。

結局、食費の節約という似合わないことをやっている。「安い食材だけを買いそろえて、そこから何が作れるのかを考えるのです。この逆転の発想は、食費を劇的に抑える効果を持つだけでなく、いろいろ知恵を絞ることで、料理がとても楽しくなるのです」。言葉だけで、無理やり楽しくしちゃったよ。他にもスーパーの割引サービス、各種施設やＪＲや航空会社のシニア割引、食品会社の株主優待券の他に外食産業の食事券を利用することを勧めたりしている。

森永は日本マクドナルド、吉野家、リンガーハット、テンアライドの株を持っているようである。それぞれ一〇〇株の保有で、マクドナルドは年二回、ハンバーガー、サイドメニュー、ドリンクの三点セットの無料券六枚がもらえる。吉野家は年二回、三〇〇〇円のサービス券一〇枚綴り。リンガーハットは年二回、五四〇〇円の食事券二枚がもらえるという。食事後、「お金を払わずに精算すると、ちょっと資本家になったような優越感にひたれます」と楽しんでいるようである。なんだよ。バカか。ちょっとおもしろい。

「小銭稼ぎの一方法」として、インターネットオークションを勧めているのは森永の持論だが、「売るものがなくても大丈夫」といっている。無茶だ。売るものがなければ無理だろう。ところがマクドナルドではハッピーセットというものがあって、おもちゃのおまけが付いている。「このおもちゃを売り出すのです」。目が点。

このおもちゃは八種類前後あるが、全種類を集めている人がいるので「全種類のセット」を作って売りだせば「より高値で売ることができます」。こえだちゃんシリーズというのもあったらしく、「8種類セットが3700円で落札されていました。うまくやれば、食事代をタダにできるのです」。なにいってるんだ森永。正気か。次に書く本では「メルカリ」を大い活用しようとかいいそうである。

あとはミニ農業をやってみる。もう頭に浮かんだことは一切吟味することなく書いてしまうのだ。ゆっくりと時間を過ごす、カメラマンになる、アーティストになってみる、シャープのココロボというロボット掃除機は「ただいま」といえば「お帰りなさい」といってくれる、言葉が聞き取れないと「ん?」というのがかわいい。今ならスマートスピーカーか。写真集をだそう、家系図を作ろう、もうなんでもかんでも思いつくものはすべて書く。これらが「定年後の生活を楽しむためのノウハウ」である。

もう森永卓郎の面目躍如である。メンタルが強いなあ。どっちみちまじめくさったことを書いても大して人の役には立たんのである。わたしたちは本を読んで、しばしば、参考になった、というが、ほんとうは大して参考にもならないのである。むしろこれくらいのすっとぼけたことをいっているほうが、楽しくていいのかもしれない。

「老後の資金がありません」

「篤子、老後のことは、それほど深刻に考えなくてもいいんじゃないか?」
「なに言ってんのよ。定年まであと三年しかないんだよ」

夫は中堅の建設会社に勤めている。

「何度も言ったろ。俺の会社は六十五歳まで勤められるようになったんだよ」

「六十歳以降は給料が下がるんじゃなかった?」

「それはそうだけど」

「どれくらい下がる? 半分くらい?」

「さあ、どうだっけな。年収にしたらたぶん四分の一ぐらいじゃないかな。だけど、退職金もあるじゃないか」


(垣谷美雨『老後の資金がありません』中公文庫、二〇一八)

すっとぼけたことをいってると、妻から、こういうふうに「なに言ってんのよ」といわれるにちがいない。聞いてみれば、退職金は一〇〇〇万円も出ないという。さすがにこの夫、何事においてもすべて他人事で、読んでいて腹が立つ。この小説は「家計応援小説」と謳われていて、「家計応援」がちょっと意味不明だが、定年・老後が社会的に大きな問題となっている現在ならではの小説である。

主人公は後藤篤子、銀行系のクレジット会社の事務のパートをやっている五十三歳。夫の章《あきら》は定年まぢかの五十七歳。のっけから娘の結婚費用をめぐって夫婦が争っている。相手は金持ちスーパーの経営者の息子で、費用は六〇〇万円。両家折半しても三〇〇万円負担だが、妻はこれをばかばかしいと思っている。当たり前だ。ところが夫は「それくらいの貯金、うちにないわけじゃないんだろ？　だったら出してやれよ」「ともかくさ、俺はみっともないことはしたくないんだよ」という。妻は「あなたはもう五十七歳だよ。その歳になってから老後の資金を取り崩したらダメだよ」。

その後も、住宅ローンの問題や、夫の親に月九万円仕送りしていること、台湾バナナとフィリピンバナナの値段の差、ユニクロとライフとしまむらが出てきたりして、そのうちに舅が死ぬ。結局、娘の結婚式、新婚旅行、新居の準備に五〇〇〇万円。舅の葬儀費用、戒名代、墓代で四〇〇万円（棺桶、祭壇、花輪などの費用をめぐる妻のイラ立ちと葛藤は現実的である）の出費をする。

一二〇〇万円あった貯金も残り三〇〇万円になった。妻は「夫が定年退職したあと、どうやって暮らせばいいのか。三百万円など、一年分の生活費にしかならない。五十代の夫婦で、それだけしか貯金のない人って、日本人の何割くらいいるのだろう」と不安に襲われる。そうこうするうち、夫はリーマンショックのあおりで解雇、退職金はゼロ。妻も首になる。ふんだりけったりである。

その後も夫の妹夫婦とのあいだで姑の世話に関する金銭的問題の対立があったら、姑をマンションに引き取ったりして、最後は夫の再就職も決まって一応の終息となる。自分もコンビニのバイトをするようになる。多少の希望とともに、穏やかな日常が戻ってくる。

結局、この小説は、定年後のお金にまつわる夫婦、親子、兄弟間の会話のリアリティを楽しめばいいのか。そんなことは現実の生活だけで沢山だよという気もするが。

最後はやはり小説である。「今日の夕飯は夫の好物の肉じゃがにしよう。あとは、ほうれん草のゴマ和えだ。明日の弁当に入れる分はタッパーに入れて冷蔵庫にしまっておこう」。肉じゃがか。うれしくないな。好きな男、いるのか。

第4章

「おひとりさま」の勘違いバカ

不当に虐げられたものをあえて過激に肯定する

かつて上野千鶴子、田嶋陽子、小倉千加子らを中心としたフェミニズムが隆盛だったころ、男女の個人関係や社会関係における因習的な不平等・蔑視や封建的な支配・服従関係に対して戦闘的な論陣を張っていた上野千鶴子に、男の側からいささか及び腰で、なぜそれほどまでに過激になるのか、との質問が上がったことがある。

もう詳しい内容や正確な言葉は覚えていないが、上野が答えたそのニュアンスだけは、なるほど、と思ったからよく覚えている。たしかこういうふうにいった。

女性はこれまであまりにも虐げられて、秤の一方の端っこに追い込まれてきたので、それを正しく中心の位置にまで戻すためには、逆の方向に思い切り振り切るほどの荒療治をやらないと、中心には戻らないのだ、と。だから、多少の行きすぎがあったとしても、今まで女を支配してきた男たちはそれを甘受すべきだ、といったかどうかはたしかではないが、反対の側に振り切るくらいでちょうどいい、というのには、なるほどとわたしは納得したのである（しかしフェミニストたちの努力にもかかわらず、いまだに女性軽視、蔑視、差別はあまり改善されたとは言い難い。しつこく残っている）。

「孤独」ということについて考えるとき、わたしはこの「逆サイドへの振り切り」を思い出すのである。不当な軽視ということで共通するとはいえ、女性問題と「孤独」はもちろん一緒にならない。「まじめ」もおなじである。「孤独」も「まじめ」も今まで不当に貶められて、見下されてきた。「おとなしい」もおなじだ（全部、わたしがいわれてきたことではないか）。したがって、これを評価しようと思うと少々の評価では足りず、これも「逆サイドへの振り切り」がなされるのは、ある意味しかたないと思う。

「卓球」はスポーツのひとつである。それがタモリの「ネクラ」という何気ない一言の決めつけによって、長い暗黒の時代をすごさざるをえなかった（わたしはタモリは好きだが）。そうなると、いったん定着したいわれなき不当な評価をひっくり返すことは簡単なことではない。こういうことが日本ではよくある。

日本人は全般的に差別意識の強い国民だと思う。長いものには無抵抗に巻かれるが、弱い者いじめは大得意である。その逆に「ヤンチャ」は持ち上げる。元々は関西の不良だったものが、今や全国区になっている。テレビや週刊誌といった俗なメディアは「番長」「暴走族総長」「レディース」が好きである。口を開けば、表向き「弱者」「障碍者」や「パラリンピック」を持ち上げるが、男優位という本音レベルでの「強者」「弱者」の構図はいつまでたっても変わらない。絶望的なまでに変わらない。

孤独をバカにする者は孤独に泣く

定年問題というと、そのひとつに孤独ということが重視されてきた。夫は家庭内で孤立し、地域で孤立するとさんざん脅かされたものである。だから定年後は積極的に地域デビューをして近所の人と交流しようとか、ふだんから趣味の仲間を見つけようとか、奥さんとの仲をよくしておこうとか、アドバイスされたものである。

その他にも、老後資金の問題を別にすれば、生きがいや社会貢献や趣味や健康の問題がかならず取り上げられたものだが、今では生きがいや社会貢献はあまり触れられることがなくなった。もう議論は出尽くした、ということもあるのだろうが、孤独や生きがいはやりようがない、ということがあきらかになったからではないか。

いくら生きがいはこうすればみつかりますよ、とか、孤独は悩むよりはむしろ楽しめばいい、などといっても、なんの役にも立ちはしない。書く側にしてみれば、謙遜して「少しでも読む人のヒントにでもなれば」などというが、ヒントにもなりはしない。結局、自分で考えて、やってみるしかないのである。

しかし「孤独」が論じられなくなったからといって、「孤独」の問題が解消したわけではない。むしろ永遠の問題である。なんでもひとりでする、というと、バカのひとつ覚えのように、「寂しくない？」という。日本人の頭に「孤独＝寂しい」と刷り込まれているのである。「孤独」や「ひとり」の反対は「友だちが多い」である。その連中が「孤独」や「ひとり」を下に見る。「孤独」である者も、そうでない者も、双方が相手を「みじめ」だと思い、自分は「みじめ」だと思う。この観念もまた刷り込まれている。

しかし「友だちが多い」はバカみたいではないか。人気があるといいたいのだろうが、それのなにが自慢になるのか、さっぱりわからない。その「友だちが多い」が「ひとり」になったとき（いずれ、なる）、手もなく「寂しい」という観念にやられるのである。思い知るがいい。そしてかれらはどうして平気だったのかを考えるがいい。そのとき「孤独」の意味を考えることだ。

孤独を擁護する本が増えてきたことはいいことである。商売とはいえ「おひとりさま」が生きやすく、暮らしやすくなることもいいことだ。蛭子能収の『ひとりぼっちを笑うな』は、孤独擁護のはしりだったかもしれない。早いもので、あれがもう二〇一四年のことである。それ以後出た、ほとんどの孤独本は孤独肯定ばかりである。

森博嗣『孤独の価値』、諸富祥彦『孤独の達人』、糸井重里『思えば、孤独は美しい。』、岸惠子『孤独という道づれ』、名取芳彦『ゆたかな孤独』、五木寛之『孤独のすすめ』、齋藤孝『50歳からの孤独入門』、榎本博明『孤独――ひとりのときに、人は磨かれる』、プレジデント『毎日が楽しい「孤独」入門』。しかし孤独絶賛となると、一番は下重暁子『極上の孤独』である。次は松原惇子の『孤独こそ最高の老後』であろうか。

「極上の孤独」というのは不正直

「孤独ほど、贅沢な愉楽はない。誰にも邪魔されない自由もある。群れず、媚びず、自分の姿勢を貫く。すると、内側から品も滲みでてくる。そんな成熟した人間だけが到達できる境地が『孤独』である」。これは下重暁子の『極上の孤独』(幻冬舎新書、二〇一八)の一節である。

さらっと読むと、自由、孤高、自立という姿勢を貫くと孤独の境地に到達することができる、そしてそんな品位ある成熟した人間が私、下重である、といっているように聞こえ、なんかヘンなのである。立派なことをいおうとしているのはわかるが、そうか下重は立派な人なんだなあ、とは思わないのである。

わたしも自由が好きで、群れることも媚びることも嫌いだが、品はおそらく滲み出てはいない。下品だ、とはよくいわれるが。孤独という「境地」に到達したのではなく、ただ「ひとり」という状態が好きなだけである。

それはともかく「孤独を愉しむ」とか、孤独死も「充実した素晴らしい人生」でありうる、というような孤独礼賛がつづき、下重が孤独を愛していることだけは伝わってくる。しかしそうはいっても、下重も人の子、「私は、ふだんは一人遊びが上手なのだが、夜の食事の時間だけは、誰かに居て欲しい。人間でなくとも猫や犬でも何でもいい。夜、一人で食べるのが苦手というのは、私も意外に孤独に弱いのかもしれない」と、弱音を吐いている。別にそういう弱いところがかわいい、とは思わないが、うん、まああんまり強がらないほうがいい。

ところが、これにつづく文章を読んで、わたしは「?!」となってしまったのである。下重はしれっとこう書いているのだ。

「それにも馴れることが必要だと思い、最近はつれあいがいない日、一人で食べる癖をつけている。友人を誘いそうになる気持ちをぐっと抑えて、一人で買い物をし、音楽を聴きながら簡単に食事をすませる時間は、思いがけず快い」

え、今なんてった？「つれあい」？下重は結婚しているのか。そんなバカな。てっきり独身だと思っていたぞ。もしかしたら、わたしが知らないだけで、世間では周知の事実なのか（そんなわけはあるまい）。

やはりこの本の一番の問題点は、この「つれあい」問題である。百人が百人、このくだりで全員「そんなんが、いたんかい！」と突っ込んだはずである。いや、いるなら、いてもいいのだ。いても「ひとり」でいることが好きだ、ということは十分ありうることだからである。下重も「ひとり」が好きなのはわかる。しかし、それならそれで、書きようというものがあろうではないか。それにあんたの場合、態度がふてぶてしいのだ。

下重はほんとうに、しれっと書いている。え？　なにが問題なの？　というように。ここは一言、なんらかの説明や言い訳が必要だと思わなかったのか。「猫や犬でも何でもいい」といっておきながら、まさかの「つれあい」の登場である。まあよくも、しれっと書けたものである。

「つれあいとはいえ、誰かがそばにいると、やはり神経はそちらに行っている。誰にも気を遣わずのんびり風呂に入り、一人で食事をし、思索にふける一刻《ひととき》。この愉しさを知らない人にぜひ味わって欲しい」。やかましいわ。わけのわかんないこと、いうんじゃない。

好きなときにひとりになりたいだけ

あんたにだけは「孤独を味わう」とかいってほしくないよ、と読者からいわれても、下重はなにもいえないはずである。下重には「つれあい」がいたのである（ついでだが、わたしはこの「つれあい」という気取ったいい方が嫌いである。ついでに「パートナー」も「ベターハーフ」も好かない）。下重は随分若い時期に結婚をしたらしいのである。その「つれあい」は「一七八センチと背が高い」とわざわざ書いているところをみると、自慢なのか。そのかれが、三食、料理を作ってくれるらしい。ずぶずぶじゃないか。

おまけに下重は生まれてから一回も「一人暮らしをしたことがない」と書いている。もう滅茶苦茶である。これについては言い訳をしつつ、開き直っている。「一人暮らしの経験がないのに、えらそうに孤独など語る資格はないのだが、だからこそ一人時間が大事だと思うのかもしれない」。その一人時間が欲しくて、「誰にも教えず、誰も来ない秘密基地」を都心に確保した。だれ一人にも教えていない。「なんと心愉しいことか。もっと早く実行すればよかった。こんなに心豊かでいられるなんて」。勝手にしてくれ。

下重は紋切り型ばかり。ほんとうには孤独を知らないから、「人間は孤独な存在だと捉えることが出来る人は、自分で考えることを知っている人だ。自分で考え、自分で選び、自分で生きてゆくことを覚悟した、選ばれた人。うぬぼれていわせていただければ、私もその一人である」と、きれいごとを書いている。この人は八十三歳。書いていることは不正直である。本人はそのつもりはないかもしれないが、よくない。

下重の孤独礼賛はつづくが、無内容。

「孤独の時間をどれだけ多く持つことが出来るかによって、成長の度合いが変わるといっても過言ではない」「素敵な人は、たいていが一人」「一見、孤独と品とは関係がなさそうに思えるが、品とは内から光り輝くものだと考えれば、輝く自分の存在がなければならない」「孤独を知る人は美しい」「孤独を知らない人に品はない」

紋切り型と無根拠な思い込みと実のない美辞麗句ばかり。

「知人には植木が好きで植木職人になった人、新聞配達をしている人がいる。現役だから、みな生き生きしている」「定年後は一人の男に戻ろうとする人の顔は、なんと可能性に満ちていることか。（略）これからがほんとうの自分の人生なのだ」「黙ってじっと自分の内側と対峙している人には、外の人間が入り込めない雰囲気があり、それがオーラとなっている」

だいたい下重、孤独という言葉の使い方がヘンである。日本自転車振興会会長になったとき、彼女はホテルオークラや全日空ホテルのレストランで昼食をとっていたらしい。どこで食べようとそれはどうでもよろしい。下重はそのことについて、こう書くのである。「昼休みの一時間、わたしはしみじみ孤独を味わい、決断を下した」。昼休みの時間、ひとりで食事をするだけなのに「しみじみ孤独を味わ」う、というのである。

あるいは、ある日、バイクを避けようとして、道路についた左手を骨折した。転んだのだろう。そのとき、下重は、病院の待合室で「傷ついた猫のように、泣きもせず、うずくまる孤独な瞬間、久々に病んだ自分を見つめる機会に恵まれた」というのである。なんだこれは。ちょっと、おかしいのではないか。「うずくまる孤独な瞬間」？　だれも付き添ってくれる人がいなかったからか。「久々に病んだ自分を見つめる機会に恵まれた」というのも相当である。

この人は、ひとりになりたいときに、ひとりでいるのが好きなだけで、孤独が好きなわけでもなんでもない。だいたい「極上の孤独」なんていうことからしておかしい。全部、頭のなかで考えた孤独だけ。孤独に極上もへったくれもあるもんか。

ほんとうに孤独がいい、という人

「極上の孤独」に優るとも劣らない孤独絶賛のタイトルが松原惇子の『孤独こそ最高の老後』（SB新書、二〇一九）である。また「孤独が最高」とかいっているよ。大丈夫か、そんなことをいって。わたしは、そんなわけあるか、と思ったが、読んでみるとこれがなかなかいい。土性骨が入っていて、言葉にウソがないのである（本書とおなじSB新書だから仲間褒め、という意識はみじんもない。いわずもがなの一言ではあるが）。

松原は身もふたもない。「老人は老人が嫌いだ」「女性は夫よりもお金が好きだ」「定年男性よ、自分の世界を持とう。妻に関心を持つのはやめよう。妻を自由にさせよう。自分の孤独は自分で癒すのが定年男性の務めだ」「サラリーマンのときと同じように、朝早くから家を出て、夕方家に帰ろう」「妻との距離は、平行線が一番」。いいねえ、このぶっきらぼうさが。

「ひとり身の高齢者は、お金を持っているふりと、寂しい顔を表に出してはいけない。また、こんなときに子どもがいたらと、弱気になってもいけない」「愛は素敵だし、愛を信じたいが、女性にとっての結婚の価値は『愛』ではなく『籍』というのがわたしの見方だ」。

これはほんとうだと思わざるをえない。でなければ、だれかれみんなが結婚できているとの説明がつかない。

「日本の男性は、女性に触れることに至福の喜びを感じているように見える。信じられないぐらい、男性はお触りが好きだ」。これまたほんとうだ。で、バカなもんだから、それが許されると思っている。この割れ鍋に、ぴたりと綴じ蓋がはまるのだ。「女性が望むのは男性の経済力だけと言ったら、怒られるだろうか」。わたしは怒らない。

「わたしには、日本人ほど孤独を恐れる民族はいないように思えてならない」。もちろん、日本人のよさもたくさんあるが、「日本人ほど『自分』を持たない人たちはいない」。だから日本の老人は「下を向いて」歩いていて、「暗い顔に暗い服装で」「ただ生きている」。一方「ヨーロッパに行くと、公園のベンチに腰かけている老人はにこやかで、日本の老人のように寂しげではない」。これを「自立している国民」と「自立していない国民」の違いだといっている。これはよくない。単純な二分法が過ぎる。

「孤独について子どもの頃から学び、身に付いている。ドイツでは『人は孤独なのが当たり前』という考え方を誰もが持つ。なぜなら、『自立』と『孤独』はセットだと知っているからだ」。わたしは、日本人は孤独を恐れる、それは自分を持たないからだ、というのはほんとうだ、と思うが、ドイツ人は「孤独をすんなりと受け入れて楽しんで生きている」というのはほめすぎだと思う。

しかし、この後に書かれていることは、多くの若い女性が身に染みて感じていることだろう。松原は、日本人は「ひとりでいる人を寂しいと決めつけるところがある」という。松原も三十代のときは孤独だった。周囲はどんどん結婚して家族を作るのに自分はいつまでもシングル。やがてシングル仲間も向こう側にいってしまい、「寂しくないの?」といわれる。「夫はいない、仕事はない、お金もない」の「3点セット」。

これはきつい。「夫」以前にまず「恋人」がいない。そんな状態に負けないように、というのは簡単である。実際、負けない強い人がいるだろうが、一時《いっとき》、負ける人がいたとしても彼女を責めることはできない。個人個人によって、置かれている環境はさまざまだ。せめて、人間のクズみたいな男はつかまんでくれ、と願うばかりである。それでは元も子もない。負けすぎだ。

松原はその苦しかった時期をこのように述懐している。孤独に押しつぶされそうになり、「その孤独を埋めるためにつまんない相手と付き合っていたのもその時期だ。二人でいてもわたしの孤独は1秒たりとも癒されることはないのに、ダブルの形を取らずにいられなかった」。「つまんない相手」とはっきり書いている。わたしの生涯の汚点、といいたそうだ。けれど人の一生に汚点のひとつや二つはあるものだ。汚点によって成長することだってあるのである。

そんな「孤独地獄の中で、作家デビューすることができたのは、奇跡」だった。四十代、五十代は仕事で忙しく、家もあり、たくわえもでき、友だちもいた。経済的に自立できた。孤独を忘れて生きてきたが、六十になったとき再び孤独に襲われることになった。

七十歳で真に自立する

そのときに感じた孤独はショックだった、という。自宅とはべつに賃貸マンションを借りようとして不動産屋に断られた、というのである。六十歳のひとり暮らしはちと困る、というのがその理由だった。孤独死されるのを恐れたのだろう（ちなみにこの高齢者の賃貸という件に関しては、若者が経営している「R65不動産」という不動産屋がある。数は少ないが、一応全国展開をしている）。

松原はこう書いている。本心だ。「頭を後ろから殴られるほどのショックを受けた。自分は自立しているつもりだったが、社会は認めてくれない。（略）子どもがいないというのは、老いてからこういう目に遭うのか。このまま年を取ったら、どういう扱いを受けるのか。家族のいないわたしは、ひとりぼっちにされるのだ。いや、ひとりぼっちなのだ」。松原はそうとう悩んだようだ。お寺に通った、という。

しかし、七十歳になったとき、彼女はついに生まれ変わった。ジャジャーン。「『孤独への恐怖』が『孤独を愛そう』という気持ちに変わった。ジョルジュ・ムスタキの『私の孤独』でも歌われているが、孤独を友達にしていくことに気づいたのだ」。わたしは早速、ムスタキの歌をYouTubeで聞いてみた。このメロディは前に聞いたことがある。歌では孤独を「彼女」と呼んでいる。「違う、私は独りじゃない。私の孤独と共に居る」というように歌われる。

松原の悟達。「そこに気づいてからのわたしは、自分でもびっくりするほど人を求めなくなった。昔はパートナーがいないことを寂しがったり、家族がいる人を見ると幸せそうに思ったりすることもあったりしたが、今はまったくなく、むしろその逆だ。『ひとりでよかった』と心から喜べる自分がいる」

松原の孤独は本物になった。いや、孤独と共に在ることが本物になった。「心から喜べる自分」というのは本物の証拠である。「人を求めなくなったら、他人に少しだけだがやさしくなった。誰とも会わずに、ひとりで音楽もかけずに、静かに家にいると心が落ち着く」。わたし自身は「孤独を愛そう」とか、「ひとりでよかった」とか、孤独にことさらな意味をつけることなく、ただ「ひとりでいることが好き」なだけである。

「わたしたち日本人は、『ひとりは寂しい』とどこかでインプットされ続けてきたため、ひとりの素晴らしさに気づかずに、人生を終えてしまう」「『もう年だから』などと言っていないで、人生100年時代では、今80歳でもまだ20年以上もあるのだから、今から始めても遅いことはない」。もう、みんないってるなあ。多勢に無勢。素通り。

「かっこいい孤独な老女」になってみせる

松原は健診を受けないという。女性にしては珍しいだろう。「健診を受けようが受けまいが、個人の自由でしょうに、日本人ほどお人よしで、テレビの情報を鵜呑みにする国民はいない。まず、テレビを疑るということをしない」。まったくその通りである。「ひとりの人が心配しているほど、ひとりの人は大きな病気にならない」

そして、悟りの言葉。「年を重ねるにつけ、つまらぬ人と付き合うぐらいなら孤独なほうがいいと思うようになる」「(人と会った)帰りの電車に揺られながら、『もう、会わなくてもいいかな』と本気で思う自分がいる」「仕事以外では、積極的に人と会わなくなった。孤独のよさに気づくと人を求めなくなるので、自分が人と付き合いたくないと思えば、会わなければいいのだ」「誰にも邪魔されず、人に気を遣わずに済む自分だけの静かな時間。これを至福の時間と言わずになんと言おうか」

いっちゃ悪いが、わたしはこの境地に何十年も前から達しています。ここまで読んでくると、松原のこの言葉はただの強がりではないな、ということがわかる。本心である。「老後が近づいてくると、わたしもそうだが、ふと誰かを求めがちになるが、弱い心に蓋をして人間に求めず、求めるなら猫と暮らすことをわたしはお勧めしたい」

松原惇子の目標はオードリー・ヘプバーンやマレーネ・ディートリッヒのような「かっこいい孤独な老女」になることだという。「わたしは、かっこいい老女になるわよ」。ぜひそのように果敢に生きてくれ。

だれも見ていないかもしれないが、死ぬまで「かっこいい孤独な老女」を演じつづけてもらいたい。あの「すぐ死ぬんだから」の飾り立てた老女よりも、やはり精神的自立の気概（美しさ）というものはある、と思いたいではないか。「わたしはかっこいい老女になるわよ」。いいね。この言葉は、「独りの女《ひと》」を勇気づけるかもしれない。

俗流脳科学はとりあえず疑え

さてここからは夫婦（男女）の問題である。一人の人生と二人の人生にはそれぞれ問題がある。一概にどちらがいいとはいえない。ただ二人は圧倒的多数派だから、どんなバカでも安心できるという利点がある。一人は少数派だから、多数派の心理的優位性に対して自己防衛する必要に迫られるというめんどうくささがある。

だが、このあとのことは個々のケースに依る。どちらが「しあわせ」か、なんて、それだけではいえない。下手な二人より、断然一人の方がいい、ということは十分ありうるのである。

二人の関係（生活）について、黒川伊保子が、「『妻が怖い』という夫が増えている」といっている。夫からの離婚申し立ての動機のなかで、妻からの「精神的虐待」という動機が二〇〇〇年度の六位から二〇一七年度は二位に浮上した、というのがその根拠である。

「精神的虐待」というと大げさだが「具体的には、いつもいらいらしている、口調がキツイ、いきなりキレる、急に怒り出す、何をしても怒られる、口をきかない、無視する、夫の分だけ家事をしない、人格を否定するような言葉をぶつけてくるといった妻の言動を指す」。

しかし夫にはその怒りの理由がわからない。わたしにもわからない。この「妻」はもうまともじゃないからである。狂っとるよ。理由を聞きだして、解決策を提案しても「妻の機嫌がよくなることはない」。なぜなら、とその理由を黒川が解説するのだが、これがまどろっこしいだけで、わけがわからないのだ。

このようにいっている。ちょっと長いよ。「夫にとっては、甚だ危険で、理不尽な妻の怒りだが、実はこれ、きずなを求める気持ちの強さゆえなのである。母性本能は、生まれつき女性脳に備わっているもので、恋人時代から『理不尽な不機嫌』の萌芽はあるが、特に周産期（妊娠、出産）と授乳期に強く現れ、子育て中はほぼ継続していく。やがて、男性脳を理解して、男への期待のありようを変えられた女性は、自らの感情をだだ漏れしないようになるが、男に期待し続ける女性は、死ぬまでそれが続くことになる。『怒り』は『期待』の裏返し。夫一筋、家庭一筋の妻ほどこうなる傾向にある。つまり、かわいい妻ほど豹変し、夫一筋のうぶな妻ほど一生それが続くことになる」。これ、なにいってるんだ?

「これが、ほとんどの男性が知らない世にも恐ろしい、結婚の真実だ。だから結婚をするならば、愛らしくて可憐でうぶな女性よりも、度量のある女性を選ぶべきなのだ」「本書は、脳科学の立場から女性脳の仕組みを前提に妻の不機嫌や怒りの理由を解説し、夫側からの対策をまとめた、妻の取扱説明書である」

　こんなうそかほんとかわからんことを述べて、この人大丈夫かと、読むものを不安にさせているのが、黒川伊保子編著『妻のトリセツ』（講談社＋α新書、二〇一八）である。

　驚いたことに、こんな本が四〇万部も売れたらしい。怪訝だったが、アマゾンで見てみたら「行列のできる法律相談所」「世界一受けたい授業」「ザワつく！金曜日」「情報ライブミヤネ屋」「林先生が驚く初耳学！」「羽鳥慎一モーニングショー」「スッキリ」「ノンストップ！」など、テレビで紹介されたらしい。

　ああ、なるほど、と疑問は氷解した。おもしろそうであればなんでも採り上げるバカテレビのおかげである。なかでも「世界一受けたい授業」と「林先生が驚く初耳学！」が効いたのだろう（まさか林修が選んだとは思われないが）。本書を書く上で関連本を三十何冊か読んだが、『妻のトリセツ』はバカ度ダントツのナンバーワンだった。

　黒川は、やたら「女性脳」「男性脳」といい「ネガティブトリガー」「ポジティブトリガー」と勝手な造語（それとも専門用語？）を作って、もっともらしいことをいっているが、思わず心配になって、この人の経歴を読んでみたりする。

　一九五九年生まれだから、今年六十歳。奈良女子大学理学部物理学科を卒業しているが、どうやら「人工知能研究者、脳科学コメンテイター、感性アナリスト、随筆家」を自称しているようである。ウィキペディアには「富士通ソーシアルサイエンスラボラトリ」に十四年間勤務、ＡＩ研究に従事。二〇〇三年、株式会社感性リサーチを設立。二〇〇四年「世界初の語感分析法である『サブリミナル・インプレッション導出法』を開発し、マーケティングの世界に新境地を開拓した」という。

ということで、わりとまともな人に見えるのだが、それにしてはずいぶんではないか、といった文章がつづくのである。

「周産期・授乳期の妻は、激しいホルモン量の変化に翻弄され、栄養不足で、自分で自分をコントロールすることもままならない『満身創痍』の状態であること」を夫は理解しなければならない。なんか大げさで単純だなと思ったが、おかしいなと思ったのはこのあたりである。

「この時期、女性脳は男女の情愛という乱暴さ——これは意外と乱暴なもの——に耐えられないと感じている」「夫の言動、存在そのものが乱暴であり、ひどくガサツに見える」。だから「仕事から帰るなり、妻から『デカイ！』だの『臭い！』だの、まるで汚いもののように言われて、夫が傷つき、関係にヒビが入る夫婦も多い」。

いきなり「デカイ！」はなにがデカイのか。「臭い！」もわからぬ。「関係にヒビが入る夫婦も多い」というが、黒川はその「多い」事実を知っているのか。しかしこれは一時的な心の変化だから、夫はあまり心配しなくてもいいという。むしろ、この時期夫は「オトコ風を吹かせず、妻の女友達のように接することを心がけよう」ということである。「女友達」のようにとは、女同士がやっている「そうそう！」「わかる、わかる！」というように、なんでも共感してあげることである。「女性脳の、最も大きな特徴は、共感欲求が非常に高いことである。『わかる、わかる』と共感してもらえることで、過剰なストレス信号が沈静化するという機能があるからだ。それによって、怖かった、悲しかった、痛かった、寂しかった、惨めだった、辛かったという神経回路のストレスが軽減される」

どゆこと？

大笑い「妻のトリセツ」

大丈夫なのか、黒川。この後もこんな文章がどっさり。

「散らかり放題の部屋で泣いている妻には、『心配するな、俺がなんとかする！』と声をかけて抱きしめよう。ご飯がなければ、冷凍うどんと卵で釜玉うどんでも作る。これだけで、妻は十分嬉しい」

そもそも妻は「散らかり放題の部屋」で、なんで泣いているんだ？　また妻が怒っているとき、夫は理由や原因をいって言い訳をしがちだが、それは無意味。とにかくひたすら「真摯に謝る」こと。「女性が望んでいるのは、一人で待っていて、心細かった、その気持ちに気づいてほしいということだ。だから、正解は『君に心細い思いをさせてしまって、本当にごめん』である」。正気か。

テレビを見ていて偶然、出産シーンにあたったときには、「『お産というのは、男の想像を超える大変なものなんだね。○○（子どもの名前）のときには、君には本当にかわいそうなことをした。辛い思いをさせたね』と、しみじみ言って頭を下げよう」。

そんな奴、おらんやろう。だんだん腹が立ってきたなあ。わたしは、この人はバカではないかと思った。女の人に聞きたいが、これはどういうことなのですか？　黒川がいっていることは正しいのか？

「動物は、フェロモンと呼ばれる物質によって生殖相手を取捨選択しているといわれている」「そのフェロモンを作り出しているのが『HLA遺伝子』。この遺伝子は人の体臭にそれぞれの個性を与え、異性に対する好き嫌いの感情に影響を与えている。人は自分と異なるＨＬＡ遺伝子から発せられる匂いに惹かれることが明らかになりつつある」「この遺伝子の型が違えば違うほど、男女は強く惹かれ合うという」

これはほとんどウソだろう。男性脳、女性脳というのに、たしかにちがいはあるようだが、黒川の脳科学はインチキではないのか。「男性脳の『愛の証』と女性脳の『愛の証』がまったくちがう」「褒めて、認めてもらいたい女性脳。自分だけを特別扱いしてほしい女性脳。ときには、愛の言葉や甘い優しい言葉も欲しがる女性脳」。もうどうにもならん。触らぬ女性脳に祟りなしじゃ。

黒川のおもしろ言説は、さらにエスカレートする。「息子が妻に反抗した場合は、『俺の大切な妻に、そんな暴言は許さん！』と毅然と言おう」。このままいうのか。「夏の昼時、妻がそうめんをゆでていたら、『こんなに暑い中、台所仕事は大変だよね。ありがとう』と声をかける」。いかれた夫じゃないか。「何もできない妻でも、『笑顔でいてくれて嬉しいよ。ほっとする』とねぎらう。とにかく、ねぎらい、感謝する」「毎日じゃなくていいのである。毎日じゃ、かえって嘘くさい。月に一度だって、かまわない。ぜひ、心がけてみよう」。だれにいってるんだ？

きわめつけはこれ。「記念日の朝、『君の味噌汁を飲むのも、もう20年になるんだね』としみじみ言ってみてほしい。（略）『君が僕のためにずっとずっとやってきてくれたことを、僕はちゃんとわかっている』というメッセージは、どんな愛の言葉より、妻の心に響く」。くそ。もうわたしが悪かった。

ところで、黒川は家事のなかには「名もなき家事」があるといっている件があるのだが、これはまことに正しい。夫が、目玉焼きにウスターソースをかける。トイレでトイレットペーパーを使う。ゴミ箱にゴミを捨てる……。男はそれを当たり前だと思っているが、ソースがなくなれば買い替え、トイレットペーパーも買い、付け替え、ゴミも捨て、あたらしいゴミ袋をセットする。

自動的に出来ているのではない。すべて妻がやっているのだ。これはそのとおりである。じつに申し訳ない。夫婦で改善するしかない。しかし折角正しいことをいっているのに、それを「妻は、キリのない名もなき家事に、じわじわと追い詰められ、絶望感にさいなまれるというわけだ」と書くと大げさである。さらに夫は「休日の朝、ウスターソースを使いながら、『よく考えると、いつもこれがちゃんとあるってすごいことだね！』と言ってみる」ように。バカに戻っちゃった。

これが理想の夫婦?

その黒川伊保子がもっと身近な「定年夫婦のトリセツ」を書いた(『定年夫婦のトリセツ』SB新書、二〇一九)。わたしはおもしろさがさらにパワーアップしてるはずだ、とワクワクした。『妻のトリセツ』を読んだとき、彼女はひょっとして独身なのか、と思った。あまりにもトンチンカンなことをいっていたからだ。ところがこの本で、結婚三十四年目であることがわかり、今年夫婦ともに還暦、旦那さんは定年だということである。そうだったのか。旦那さん、無事定年おめでとう。

「こののち何年夫婦を続けていくのかしら」と思ってたら(また、おもしろい疑問を持ったものだ)、「1959年生まれの私たちの世代は、3~4人に一人が100歳以上生きるとテレビでやっていた」。もしそれがほんとうなら「あと40年もあることになる。人生100年時代の到来は、結婚70年時代の到来でもあったのだ」。すごい。テレビでいってたから信じちゃったのだ。意外に単純脳だったんだね。

「おわりに」に、こんな恐ろしいことを書いている。

かつてバブルを楽しみ、スイート10ダイヤモンドを妻に贈った諸兄（いや諸弟か）に提案がある。

結婚70年時代、折り返しの35年目（あるいはクライマックス・シーズン入りの28年目）を目安に、もう一度、プロポーズしてみては？

「きみは、本当に素敵だね。あの日、きみしかいないと思って結婚したけれど、今も僕の気持ちはまったく変わらない。僕にはきみしかいない。どうかこれからも、僕と一緒に歩いてください」と。

膝が悪くない人は、ひざまずいてみよう。

断る。黒川、相変わらずアホであった。もう無茶苦茶。日本人にこういう夫婦はいるのかね。黒川夫婦以外に。「定年を楽しもう。／夫婦を楽しもう」って、黒川さんは「自分を楽しんでいますか」の高須克弥院長みたいなことをいっているが、「『何を今さら、バカじゃないの』と言われても気にしなくていい」って、だれからいわれるのか。しかも、「今さら」じゃない。「今さら」でなくても嫌である。「愛する人のために、一度くらい恥をかいてもいいじゃない？」。やっぱり「恥」なんだ。黒川伊保子、すごい逸材である。

第5章

「（裕福な）あんたはいいよ」というバカ

いくら「セレブ」でないと否定しても

「孤独」について書かれた本を読んで、あんたに孤独を語る資格はないよ、と思うことがあるだろう。定年本や老年本を読んで、著者に、あんたはいいよ、なんの心配もないんだから、と思う。老後資金も潤沢で、やる仕事も健康も不安はなくて、夫婦仲もいいんだろう、と。定年本や老年本を書いているやつはみんな、あんたはいいよ、という連中ばかりではないか。わたしなんかですら、そう思われているかもしれない。

たとえばトリンプ・インターナショナル・ジャパン元社長の吉越浩一郎氏である。十四年間社長を務めた。そう、もうこれだけで、あなたやわたしなんかとは圧倒的に違うのである。違うのは、かれの仕事ぶりや業績ではない。資産である。露骨なのだ。吉越氏とわたしは一九四七年生まれの同年。わたしから見れば、かれが、あんたはいいよ、の人である。だから、かれのいうことは違うのである。もう余裕があるのだ。

日本の会社員は「定年後が楽しみでしかたない」というより、「定年後はいったいどうしよう」と「不安を口にする方が多い」。しかし、吉越氏は「今のほうがずっと楽しい」「今がたぶん一番いい時期かな」という。「実はやめる前から、私は『定年後』が楽しみでしかたなかったのです」

だいたい「日本のシニア層だけ高年齢になってからの『幸福感』がまったく高くならない」「生活していくために、またそれ以上に『生きがい』を感じるためには『死ぬまで働く』ことしか選択肢がない、ということは大きな問題なのではないか」（『リタイアライフが10倍楽しくなる定年デジタル』ワニブックスPLUS新書、二〇一八）。

吉越氏は読者の、ありうべき疑念を自分から話している。「退職金がたくさんあったからそんなことが言えるのだろう、とおっしゃる人がいるかもしれないけれど、別にお金がかかることがしたかったわけではありません」。まあ「退職金がたくさんあった」ことは否定してない。当然だ。いやらしいが、在職中の貯蓄額も桁違いだろう。

しかし吉越氏はそんなことよりも、友だちとのおしゃべり、妻とののんびり食事、好きなときにゴルフをしたり、ジムにも通いたいとか、ときにはおしゃれなシャツがほしい、積んだままの本も読みたい、見逃している海外ドラマも見たいとか、「そんなごく当たり前のことばかり」が楽しみだったのだ、といっている。

いやいや、そんな「当たり前」のことが定年後ずっとできるというのも、老後の金の心配がないから可能なんですよ。他にも、一年の半分は夫婦でフランスで過ごしたいし、頼まれた講演会も引き受けたいし、本も書きたい。しかし『年の半分をフランスで過ごす』と言うとすぐ『セレブは違うね』などと言われますが、特別に優雅な生活をしているわけではなく、単に妻の故郷と自分の故郷を半々で過ごしているだけのことです」

おそらく吉越氏の意識としてはそうなのだろう。贅沢をしているつもりはまったくないにちがいない。しかしやはり、そういう生活ができるということは、金の心配がないからできることなのである。これを読んだ人のなかには、「だけのことです」か、一回いってみたいもんですなと思う人がいるかもしれない。そういわれてもしかたのない書き方でもある。

といって、あんたはいいよ、老後の金の心配がないんだから、といくら嫌味をいってもしかたないのである。嫉妬してもわたしたちの貯金が増えるわけではない。吉越氏は運もよかったのだろうが、それだけ頑張ったのであり、われわれも頑張ったのだが、運もなく、星の巡りあわせも悪かったのである。これはさだめ。そしてこれが人生。

「あんたはいいよ」は、ついいってしまうことである。「あんたにだけはいわれたくない」とか、「あんたには書く資格がない」といいたくなることもある。気持ちはわかるが、しかし、それがくどくなるとただ見苦しく聞き苦しいだけである。浮き世の付き合いで、ちょっといってみただけ、程度でいいのである。

自分の環境で生きるしかない

吉越氏は五十九歳で仕事をやめたが、すでに書いたように、定年後が「楽しみでしかたなかった」といい、やりたいことは「山ほどあった」という。「海外の人」は「いつまでも働きたくないよ！」とか「リタイアする日が楽しみ」というのが「当たり前」の感覚なのだが、日本人は「することがないから仕事をしたい」「仕事以外に時間の使い方がわからない」と「寂しい」ことをいう。

定年退職する日を「心から『楽しみ！』と思えないのは、絶対に『よくない！』と私は思うのです」。まあそういわれてもなあ。それに、「海外の人」とはいっても、吉越夫婦と付き合いのあるハイソな友人たちの話ではないのか。

世間では定年後の生を「余生」と呼ぶひともいるが、余った残りの人生などない。かれは「本生《ホンナマ》」と呼ぶ。これからが自分のやりたいことができる「本当の人生」だというのである。かれはこの「本生」という呼び名が気に入っているようである。だが定年前の人生だって「本当の人生」である。

吉越氏はドイツのハイデルベルクに留学していたときにフランス人女性と出会い、結婚し、その後、外資系の会社に勤めたことが氏の「価値観」に大きな影響を与えた。「私のアイデンティティは仕事でも会社でもなく、自分自身の人生を家族や友人たちと楽しんで生きることにあるはずだ」「妻と出会っていなかったら、私も会社漬け、仕事まみれの人生を送り、70歳を超えた今でもあっちの会長、こっちの顧問を兼業して何枚も名刺を持って、密かに自慢していたのかもしれません」

やはりあんたはいいよ、といいたくなることはある。それは嫉妬である。ただし歯ぎしりするような病的な嫉妬ではなく、軽く飲み込めるような嫉妬にすぎないが、それでもやはりあんたはいいよ、ということはあるだろう。

内田樹が『そのうちなんとかなるだろう』という、まさに植木等みたいな本を書いている。そうなればいいと思うが、やはり「なんとかなるだろう」を一般化することはできない。どうしてもこのようにいわれることは避けられないであろう。いいよあんたは、結局なんだかんだいっても、大学の先生になり、本をいっぱい書き、合気道道場を建てたのだから、と。本人は、目をぎらつかせてなんにも意思したのではないといっても、「なんとか」なったどころか、文句のない状態になったのだから。

それに比べて、「なんとか」どころか、なんにもならなかった連中は山のようにいるだろう。その連中のなかでも多くのものは、あんたはいいよ、といいながらも、懸命にまともに生きようとしている。その意志が挫け散った一部の人間が、つまり生きることに絶望して「余裕がねえ」やつが、自分の行為に他人を巻き込む。まったく「余裕」がなくなって、秋葉原で人を無差別に殺したり、京都で放火したりしたのである。

定年後の人生こそ本当の人生、すなわち「本生」、というのは吉越氏の持論である。十年も前からいっていたとは知らなかった（『定年が楽しみになる生き方』WAC、二〇一二）。そこでかれは正しいことをいっていた。定年後に無理して働くことはない、むしろ、退職金と厚生年金という「限られた条件の中で、楽しみや幸せを感じる生活を見つけ出すことが大事だということです。そんなことで楽しみや幸せなど感じられるわけがないとおっしゃる方がいるかもしれませんが、それはその方の考え違いだと思います」。

わたしは基本的に賛成である。しかし、わたしは定年後がほんとうの人生なんてまったく思わない。定年前だって、ほんとうの人生だ。また定年後が一番いい時期、とも思わないが、一番楽ではある。結局、どんな人も、自分の環境のなかで生きていくしかないのである。が、吉越氏は、やはりあんたはいいよ、といわれそうである。これはもうしようがない。かれもちっとも気にしていないだろう。ちなみにかれは読書も好きで、月に一五冊、二〇冊読むらしい。勧めている本は池田潔『自由と規律』（岩波新書）。

吉越氏は毎年、一年の半分を南仏のモンペリエで過ごすらしいのだが、そこで四十年間、まさにピーターメイルが『南仏プロヴァンスの12か月』で描いているような暮らしをしているのだという。「今では『ハッピーか』と聞かれても『ハッピーだ』と即答できます」。いいですな、堂々としている。しかし、わたしは毎年お盆の時期に四日間だけど、家族と一緒に安曇野（どこでもいい）の実家に帰りますよ、という人がいるなら（いるだろうが）、吉越氏のモンペリエとまったく互角である。そうは思えない？

「定年後になってお金がないと自身の境遇を嘆いていること自体が間違っているのです。食うや食わずの生活でない限りは、残ったお金で何とかしていくのです。そして、その何とかしていくことを楽しむべきですし、そのことに幸せを感じ、そして楽しく暮らしていくことを考えるべきでしょう」。吉越氏の勝ちである。おや、こりゃ羨ましいですな、とすぐ忘れることができるようなら互角だが、いつまでもうじうじ愚痴や嫌味をいったり、ケッと腐っている人間は負けなのである。

ところで吉越氏の『定年デジタル』は、本筋は、デジタルツールを使いこなして、定年後の生活を「楽しく」豊かなものにしようという本である。ガラケー、スマホ、タブレット、フェイスブック、ツイッター、インスタグラム、ＬＩＮＥ、さまざまなアプリの使い方を具体的におしえている。だが、わたしには無用のものであった。もしかしたらわたしはみすみす自分からデジタルツールの「楽しさ」を避けているのかもしれないが、他におもしろいことがあるから、まあいいや。

成毛眞はやはりテキトー

活力を失った「現代に生きるミドルエイジに活力を与えることはできないか。『無責任』というと言葉が悪いが、もう少し自由奔放に、面白おかしく生きることはできないか。そのための打開策を授けようというのが、本書を書いた目的だ」と、いきなり大上段にだんびらを振りかざしているのは成毛眞である（『定年まで待つな！　一生稼げる逆転のキャリア戦略』ＰＨＰビジネス新書、二〇一八）。

ふっふ。もう現代の「ミドルエイジ」に対するいきなりの見下しである。日本の中年男たちはだれも頼んでないのに、成毛さんから「活力を与え」られ、「打開策を授け」られちゃうのである。ところが成毛の理想とする人間が、『ニッポン無責任時代』という映画で植木等が演じた平均《たいらひとし》だというのだから、カックンである。映画のなかでは、社長も社員もとにかく「いい加減」、昼になる前にランチに行くわ、終業前に居酒屋で飲んだくれるわ、営業部長は仕事よりも宴会が好きで、その「ゆるい雰囲気」がじつにいいといっている。

しかし、現在の「日本の職場は、あらゆる場面で働いている人を縛りつけ、窮屈にする傾向が強まっている」。その結果、「活力が失われている」。ちょっと「活力」の意味が違う気が……。では、どのようにすれば日本のミドルエイジは「平のような無責任男になれるか」。問題の立て方もちょっと違う気がするが、成毛はそんなこと気にもしないのである。「簡単である。今の仕事だけに執着しない。それだけだ」。今は「定年を待たずに会社を飛び出しても、やり方しだいで、『ラクに稼ぐ』ことは十分できる」。

出ましたな、アホが。もう『ニッポン無責任時代』という映画のなかの会社員像を基準にして、現在の会社員のあり方を批判するというのが無茶苦茶なのだが、成毛は全然そうは思っていないところが恐ろしい。それで成毛が言葉だけで、社会のマイナス事象を拡大すれば、事態はマイナスばかりになり、また言葉だけで、肯定的評価を与えれば、すべてが可能性ある、儲かる、うまくいく、のである。こういう具合に、である。

将来、医療費の自己負担は五、六割負担になる、消費税も「30％、40％に上がっても不思議はない」、そうでなくても「年率数十、数百％にも及ぶハイパーインフレが起きたとしたら、虎の子の銀行預金は一瞬にして紙くず同然になる。そうなれば、人生はジ・エンドだ」。ＡＩにも「仕事を奪われ、失業する可能性は十分考えられる」。アホである。もし首都直下地震がきたら二万三〇〇〇人が死ぬよ、とおなじ仮定の話である。

では「ミドルエイジがこの先、お金を稼ぎ続けるにはどうしたらよいのか」。「答えは単純明快だ」（もう成毛にとってはなんでも「簡単」「単純」である）。「今の会社をとっとと辞めて、長い間、稼ぎ続けられる職場を見つけ出す」ことだ。その方法のひとつは「ダウングレード」すること、つまり今の会社より中小へ、中央から地方へ転職するのである。なるほど、簡単で単純だ。地方の旅館や温泉街は人材不足である、そこに「さまざまな経験を積んだミドルエイジが行けば、すごく重宝される。場合によっては、将来、事業継承をして、経営者になれる可能性もある」ぞ。

もう大概にしろよ、成毛眞。それに編集者！　途中でなんとかならなかったのか。

造り酒屋でも「インスタ映えするラベルにしたり、クラフトビールが飲めるような店で試飲イベントを催すなど、さまざまな手を打てば、もっと売れるし、メチャクチャ儲かると思う」。その他、地方の食品メーカーには「可能性を秘めた企業」がある。つぶれそうな老舗が「２０１７年度だけでも、４６１件」あり、そこに「入って立て直すことができれば、いずれ経営を任される可能性が高い」。もうこんなことばっかりいっているのだ。ほら、こうすればこうなるぞ、簡単で単純明快じゃないか。

こうすればこうなる、の単純バカ

成毛眞、他人のことだと思って、いいたい放題である。自分でやったこともなく、やる気もまったくないが、目にしたり、聞きかじったことをそのまま書いて「メチャクチャ儲かると思う」とテキトーに書いているだけである。まさか成毛のいうことを信じて会社を辞める「ミドルエイジ」はひとりもいないと思うが、こんなバカなことを平気で書いてしまう成毛眞という男は恐ろしい。もう怖いものなしである。

仕事をする場所は日本に限定しないでいい。海外で働くことも選択肢にいれたほうがいい。おすすめはインドネシア、タイ、マレーシア、ベトナムなどの東南アジアの新興国。「今から働く経験を積み、その国のビジネス環境に慣れておけば、他の企業でもやっていけるようになり、一生転職で困ることはないだろう」。ものすごい妄想である。成毛の思想でいけば、不安も心配も一切いらない。「慣れ」たら「やっていける」ようになり、一生「困ることはない」。すべてうまくいく。

言葉がわからなくても「語学力不問」の仕事はいくらでもあるし、働いている間に「現地で語学を習得して、そこで慣れたら、語学が必要な職場にステップアップすればいい。たいがいの場合は、英語を身につければ支障なく働ける」。

もしかしたら成毛のいうことが正しいのか、と錯覚しそうになる。世の中は案外簡単なのか。もしかしたら、成毛はこの「簡単」「単純明快」なやり方で、若くしてマイクロソフト日本法人の社長に上り詰めたのか。「慣れたら」次に「ステップアップ」、英語が「身についた」らどこでも「支障なく働ける」。

まあ、成毛がそうやってきたかどうかは知らないが、たとえそうであったとしても、それは成毛だからできたのである。成毛にそれだけの力があったのはたしかだろうが、運も偶然も重なったはずである。どっちにしても、他人のケースはなんの役にも立たないのである。それは「自分」ではないからだ。

ニュージーランドは住むには最適とか、趣味が「新たな収入源」になるかもしれぬとか、「珍しいメダカを生み出せると、なんと1匹あたり1200万円で売れる」とか、プラモデラーになると「複雑な設計のものだと、100万円近くで売れる」とか、絵画、楽器演奏、歌唱、文章力などで「自分の意外な才能に遭遇」すれば「プロ」も目指せるだろう、とか適当なことをいいまくっている。森永卓郎と思考の質が酷似している。もう無茶苦茶である。こうすればこうなるよ、といっているのだが、わたしの場合はこうなったよ、という一回性だけのバカ話である。

弱ったな、意外とおもしろいぞ

成毛眞のあまりのバカっぷりがおもしろかったので、ほぼ同時期に出版された『俺たちの定年後――成毛流・60歳からの生き方指南』（ワニブックスPLUS新書）も読んでみた。これまたバカの宝庫かもしれないと思ったのである。前作では定年前の話だったが、今度の本はまさに「定年後」。本筋である。

成毛の得意分野では、「投資信託をはじめとした資産形成で、壊滅的な失敗を避ける原則は、知らないものには手を出さないということだ」とまともな助言をしている。「もしこの本を読むまでにインデックスファンドやアクティブファンドという文字列を見たことがなかったという人がいるなら、その人には投資信託はおすすめできない」とも。

ただし、株は勧めている。余裕があるなら「100万円をネット証券の口座に入れて、株を売買する」くらいは許される。それだけ社会への関心が高まる。金儲けというより「社会との接点であり、情報収集のきっかけ」である。それに「ゲームと思えばこんなに楽しいことはない」ともいっている。そうかもしれないなと思う。しかし、わたしは現在の日本社会とは、これ以上接点も関心ももちたくないので、いっさい興味がない。

「もし定年を間近に控えていて、独身という人がいるなら、さっさとこの本をほうりだして、配偶者探しを始めるべきだ」と、つまらんこともいっている。なぜなら「趣味とは呼べないような生活の些細なところで、面白みや楽しさを共有できるのは、わざわざ約束して会う必要のない、配偶者だけだ」というのだが、これはいうまでもなく人それぞれである。「起業」は勧めない。「事業を軌道に乗せるまでには、ある程度の時間がかかるし、その間は、寝食を忘れてその仕事に没頭しなくてはならない」からだ。

だけどわたしは、こんな普通の話は成毛には期待していないのである。もっと弾けてくれないと成毛の存在意義はない。ところがさらなるバカっぷりを期待していたのに、この本は様子が違ったのである。予想に反しておもしろかったのだ。

成毛がおもしろいのは本筋ではなく脇道にある。趣味の話になると、成毛の筆が俄然生彩を帯びてくるのである。

成毛は散歩が好きらしい。スニーカーを穿き、スマホは持つ。「ライフログアプリ」を入れておく。歩数だけでなく、いろいろな記録ができるらしい。近所に古本屋があるといい。本を買ったなら、ゆっくり本が読める、「個人経営のほどよく空いた喫茶店」があるともっといい。あっという間に「常連客」になれるよ、といっている。お言葉だが、わたしは個人経営店は嫌いである。その近所の連中の溜まり場になっていることが多いから。「常連客」にもなりたくない。

おもしろいのは第5章の「自分を拡張する10のツールを手に入れろ」という章である。インスタは「すでに高齢化が進んでおり、若い世代は『TikTok』という動画SNSに足場を変え始めている」とくわしい。

成毛はレゴやプラモデルが好きなようである。「ハズキルーペは買うべき」。ほほう。プラモデルも「どんどん買って」「どんどん作るべきだ」。それは大きなお世話。「金属プレートをペーパークラフトのように組み立てる模型」の「メタリックナノパズル」も勧めている。こんなものがあるとは知らなかった。手のひらサイズのメタルの置物である。軍艦や城やフィギュアや甲冑などがあり興味深い。

演劇やミュージアムでは双眼鏡を勧めている。ニコンの「M6×15」。二、三万円。カメラは基本iPhoneでいいが、「追加で買うべきはカメラではなくジンバル、要するにスタビライザー（安定機材）だ」。ＤＪＩの「OSMO MOBILE2」がいいらしい。ゲームもおもしろい。「ゲーム機本体である『プレイステーション４』と、ＶＲヘッドセットを組み合わせることで、自宅に居ながらにしてＶＲを体験できる」

じつはわたしもプラモデルやゲームには興味があるのである。テレビのＣＳの「アクトオンＴＶ」でやっていた「大人のプラモ道」という番組が好きだった。城や車やジオラマを作るのだが、そのテクニックに驚嘆したものだ。残念ながら、どうやら番組は終了したようである（調べたところいまでも不定期ながら存続している）。カメラにも双眼鏡にも興味がある。それでそういう方面の話を振られたとたん、わたしは成毛に手もなくひねられてしまったのである。他愛もない。

さて成毛のつづきがまだある。「ハードディスクレコーダーをまだ持っていないなら、すぐさま購入すべきである」。10のチャンネルを「全録」できるパナソニックの「DIGA DMR-UBX7050」を推奨。これはいらない。わたしはテレビは好きだが、「全録」するほど好きではない。散歩には無印良品の「肩の負担を軽くするＰＣポケット付リュック」（この長ったらしい名前が商品名）がいいという。二九九〇円。今の肩掛けバッグが壊れたら、これは考えてみたい。「私が今20歳代なら、間違いなく盆栽を始めると思う」。お好きにどうぞ、だな。あとは旅行の仕方や本の読み方などがあるが、割愛。

素直になるとバカも止まる

まあ、あいかわらずくっだらんなーというつもりだったのに、右に引用したように、これがおもしろかったのである。吉越浩一郎氏の『定年デジタル』がそういう関係をカバーするのかと思ったが、ほとんど携帯電話の使い方ばかりが書かれていて、わたしには興味がなかった。それに比べて成毛氏のはわたしの興味に合致したのである。プラモデル、双眼鏡、カメラ、ゲーム機、レコーダーなどである。

わたしはエラそうに、この定年本はいい、この定年本はだめ、などといっているが、根本は結局、わたしがその考え方や生き方や暮らし方が、好きか嫌いかなのだ。わたしはしないが、成毛は勝手にスタンプラリーとかいって、東京二三区の区役所の職員食堂食べ歩きだとか、企業の時価総額トップ10の東京本社巡りとか（これはくだらん）を例にあげている。考え方によっては独自のおもしろいコースが見つかるかもしれない。わたしはそういうのが好きなのである。

成毛眞は一九五五年生まれの「しらけ世代」で、特徴は主語が「オレ」「私」であることだという。そこが団塊の世代の「我々」とは違うところで、「独立心が旺盛、自主独立を重んじる世代」だという。それで定年後はわがままになれとか、好きなことをやれとか、子どもも時代の脳を取り戻そうとかいっているのだが、その部分はおもしろくない。ところが、今現在自分が趣味でやっていることに関しては、やけに詳しく、具体的で、筆致も生き生きしているのである。もうかれは趣味三昧の生活（遊び）のようである。

もう年金とか、老後資産の話なんか全然でてこない。まるっきり、あんたはいいよ、の生活なのだろうが、やっていることが意外に小市民的で、好感がもてるのである。見栄もなく、自分がほんとうに好きなことをし、そのことを素直に書いているから、おもしろいのである。『定年まで待つな！　一生稼げる逆転のキャリア戦略』のバカが止まったのである。

「ハローワークインターネットサービス」

あんたはいいよ、あんたがいうなよ、と泣き言をいっても始まらない。文句をいいだしたらキリがない。それでふてくされてもなにも変わらない。わたしたちには、遊んで暮らせるだけの資産もなく、起業をする器量もない。

ではわれわれは、なにをすればいいのか。選択肢は限られている。なにもしない、という選択肢もある。年金収入と貯蓄だけで我慢するのである。わたしは僅かな収入があるとはいえ、貯蓄が少なかった分(安月給だった分)、形式としては年金収入と貯蓄だけだといっていい。それでこの先いけるのか、現在、実験中である。

わたしは定年退職をした当時、ハローワークに一回だけ行ったことがある。雇用保険をもらうつもりは全然なかったが、もらうとしたらどういうことをするのか、と思い、その勉強に行ったのである。嫌味か？　ずらっと並んだパソコンで求人検索をした。ほう、こういうふうになっているのか、となんだか新鮮だった。結局、なにも手続きをせずに、ハローワークを出た。

今ではその求人検索が自宅でできるようになっている（わたしはもう最新の定年事情に疎くなっている）。もしわたしが月に五万円ほど稼ぐ必要に迫られたとしたら、どんな仕事があるのか、ちょっと見てみようと思った。まずパソコンに「ハローワーク」と入力する。すると「ハローワークインターネットサービス」と見出しにでてくるのがいくつかある。そのなかでは、説明に「厚生労働省が運営する、就職支援・雇用促進のためのサイト」とあるものを選ぶこと。

わたしはそこで別のところに入ってしまったのである。中に民間企業が運営するまったくおなじ名前の「ハローワークインターネットサービス」というまぎらわしいものがあるのだ。しかしこれは、「ハローワークに出向く必要なし」という惹句の民間「総合転職サイト」である。わたしは間違ってここに入ったのである。

「まずは無料の会員登録をする」というところをクリックさせて、こちらの「メールアドレス」を入れさせる。入れるとすぐにこちらにメールが届いて、詳しい会員登録のフォーム(個人データ)に入力させるのである。

わたしは最初、これが公共の「ハローワークインターネットサービス」かと思いこんで、メールアドレスを入れたのだが、会員登録のフォームが送られてきたところで、これはおかしいな? と思い、よく見てみると、英語の会社名が書いてあってこれが民間企業だったのである。まあちゃんとした会社には見えたが、わたしは本気で職探しをするのではない、ということで、送られてきた会員登録フォームのメールは削除した。

あらたに検索してみると、「厚生労働省が運営する、就職支援・雇用促進のためのサイト」と説明のある本物の「ハローワークインターネットサービス」があった。これが正式なもので、日本全国のフルタイム、パートタイムの仕事を検索できるのである。「パート」で地元の求人を検索してみると、「倉庫内商品管理」時給一〇三〇円、「合宿所の清掃スタッフ」時給九五〇～一〇〇〇円、「造幣局支局の窓口受付業務」時給九六八円、「霊園受付事務」時給九〇〇円、「クリーニング工場軽作業」九〇〇円、「健診サポート業務」(なんだろ?)時給二〇〇〇円、など二〇〇件を超える求人が載っている。

その気になれば、月に数万円を稼ぐ仕事はけっこうあるのである。しかし七十歳を超えると実際に採用されるのは難しいと思われるが、それでもなにかはできるかもしれない。どっちにしても、退職者のみなさまがやっているような経営コンサルタントなどを職業にするなど、考えられない。経営知識もノウハウも知らないし、人脈も皆無。そんな器量もない。もう地道に手を動かし、ほんとの小銭を稼ぐしかない。賢くて楽な稼ぎ方を知らないからである。それに、そんな稼ぎ方は好きじゃない。

時給一〇〇〇円のパート。もうこの歳になれば、そういう仕事をすることはないだろうとは思うが、七十三歳で交通誘導員をしている柏耕一氏のような人もいる(『交通誘導員ヨレヨレ日記』三五館シンシャ、二〇一九)。決して油断はできないが、しかし、それは惨めなことではない。情けないことでもない。生きるために、ただ必要なことである。

第6章

「自分がそうだから」といってるだけのバカ

「わしは90まで働く」が目標

現在八十四歳の郡山史郎氏、今でも週五日、都内の会社まで電車通勤をしている。なんちゅう偉い人だ。わたしはもう気力があまりない。なにもかもがめんどうくさい。しかし郡山氏は、今も「90歳まで働く」のが目標だ。

氏は五十歳でソニーの取締役に就き、六十で子会社の社長。その後ソニーの顧問を経て、七十歳で役員定年。申し分のない経歴である。六十五歳を過ぎたころから就職活動を始めた。五十代のころはヘッドハンティングの誘いもたくさん受け、「相当に（自分の）バリューは高い」と思っていた。しかし再就職はうまくいかず、そのとき「はじめて自分の市場価値を思い知らされた」。

その再就職に苦労した経験から、二〇〇四年、六十九歳で人材紹介会社を設立した。従業員は二十数名いるようである。かれは、「定年後＝隠居」と考えて、仕事をしないで老後に必要なお金の計算などするよりも、仕事でお金を稼ぐ方向で考えたほうがいいといっている。「少しでも働いて日々の生活費を稼ぎ、これから先の人生に楽しみを見出していくほうが、ずっと幸せになれる、というのが私の考え方だ」（『定年前後の「やってはいけない」

——人生100年時代の生き方、働き方』青春新書、二〇一八）

かれは、再雇用制度は「熟練の労働者を〝買い叩く〟制度」で「企業側にとって最も都合がいいシステム」でしかないから、再雇用は勧めない。ここまではいい。となると別会社に再就職ということになるが、郡山氏は「定年退職後すぐに仕事が見つかる人は、企業の提示額を素直に受け入れるタイプだ。給与が前職の半分にも満たない場合でも、何もいわずに承諾する」ことといっている。だったらどっちにしろ、会社に〝買い叩かれる〟ことはおなじではないか。仕事や環境に慣れているぶん、再雇用のほうがよさそうに思われるが、再雇用には年数限度があるということであろう。

かれは人生の後半戦に働く意味をこう考えている。「ヒトは、自分が誰かの役に立っていると思うことで幸せを感じられる生き物だ。幸せになると、精神的にポジティブになれる」「人生は第2ハーフになってはじめて、待遇や金額よりも、やりがいや生きがいを基準にした働き方ができるようになる。ギャンブルなどという無駄な遊びに貴重なお金と時間を費やしている暇はないのである」

かれの助言は良心的である。高収入は目指さない。「定年後の人生では、複数の仕事を持って個人事業主のように働き、収入を積み上げていくのが理想的だ」。たとえば「5万円の仕事を3つ、4つと寄せ集めればそれなりの収入になる」。ただし、そうはいっても実際には大変であろう。他にも老後資金は「貯める」より「稼ぐ」、前職時の人脈は使わない、名刺は捨てること。「定年後のお金のかからない楽しみとして、ゴロ寝とテレビは最高だ」といっていることも、好ましい。

郡山氏の本音は「一生働くこと」である。そして心構えとしては、「高齢者の幸せは『お金』ではなく、『社会とのつながり』から得られる」こと、「高齢者は若者や社会に迷惑をかけず、可能な限り自分の力で生きていかなければいけない。『年寄りを大事にしろ』ではなく、むしろ高齢者のほうから大事にされる努力をすべきだ。その努力の1つとして、何歳になっても誰かのためになる仕事を続け、自分のことは自分でする」ことである。

ときどき、郡山氏はいいことをいおうとして、「社会とのつながり」だの「誰かのためになる仕事」だの「(金より)やりがいや生きがい」を重視、というようなことをいって、趣旨がぶれるのが玉に瑕である。ようするにかれは「働く」ことが好きなのだ。「少しでも働いて日々の生活費を稼ぎ、これから先の人生に楽しみを見出して」いければ、それで十分なのである。わたしはなんかがいうことじゃないが、立派なことである。ただ、会社仕事など二度としたくないと思って辞めたわたしには響かない。

自分は正しいというが、結局好きなだけ

定年本の多くには定年になったら、したほうがいいこと、してはいけないこと、あるいはすべきことなどが書かれている。郡山史郎氏の「したほうがいいこと」「すべきこと」の第一は、もちろん「90歳まで働く」である。自分の目標でもあるが、「これからの日本社会は90歳まで現役が当たり前になるぞと予言したつもり」。この「90歳まで働く」は、定年用に思いついたのではなく、郡山氏の持論である。二年前に『こうすれば実現できる！九十歳まで働く！』（WAC、二〇一七）という本を書いている。

「90歳まで働く」は偉いと思うが、所詮、郡山氏の勝手である。わたしは「これからの日本社会は90歳まで現役が当たり前になる」とは全然思わないが、九十や百歳でかくしゃくとしている人は、自営業や農業など体を動かして働いている人に多い、というのも事実である。だがそれは当人の事情であり、当人の好き好きであり、九十や百歳まで生きるのも結果論である。しかし郡山氏は長命が目的ではない。「90歳まで働」き、「日々の生活費を稼」ぐことが目的である。

定年後にいかに生きるか、いかに働くか、どんな趣味を持つか、老後をどうとらえるか、

などについては、人はけっこう自分の意志や考えを強調しがちである。なかには「～したほうがいいよ」「～はするな」と考えを押し付ける人もいる。そして、その根拠の正しさを説く。人間として正しいとか、生きがいになるとか、社会に貢献できるとか、もっともらしい理由を述べる。だが結局は、自分の経験と立場の自己肯定である。人は自分を肯定したい。そして最後は結局、自身の好き嫌いなのだ。

郡山氏は簡潔に高齢者の「十の戒め」として「お奨めしないもの」を挙げている（『九十歳まで働く！』）。高齢者十戒である。

1、学校に行く　2、資格を取る　3、語学の勉強をする　4、ジムに行く　運動をするのは「ジムに行かなくてもできる」　5、本を書く　この本を書いてはいるが「あとで後悔するのは間違いない」　6、葬式に行く　7、勲章をもらう　8、NPO参加　「ビジネスマンは、利益を生み出さない活動に参加してはいけない」　9、会社を創る　10、勝負事　ラスベガスのホテルは「すべて負けた人のお金で建てている」

その反対に「十の薦め」のほうは、こうである。

1、図書館　2、散歩　3、趣味　ただし金のかかるもの、家にこもるもの「趣味のわるいものはすべてダメ」　4、おしゃれ　「散髪は月一回以上。髭はきちんと剃って、身体は清潔に」 5、家事 「掃除、洗濯、裁縫、食事づくり、皿洗、なんでもやった方が良い」 6、病院 7、交際 「孤立や孤独は禁物なので、人の集まりに顔をだしておく必要がある」 8、車 これは「奨めないのほうに入れたほうが良かったかもしれないが、自分でまだ運転しているのでこちらにいれてしまった」 9、住まい 10、仕事 「仕事ができるのが、一番の幸せです」

なぜ人は人に対してアドバイスなんかができるのか。結局、人は自分の生き方を提示してみせることができるだけである。人の定年後を取材し、いろいろな生き方を集めた本もある。岩波書店編集部編『定年後――「もうひとつの人生」への案内』(岩波書店、一九九九)や、加藤仁『定年後の8万時間に挑む』(文春新書、二〇〇八)などがそうである。テレビ朝日の「人生の楽園」という番組もおなじである。定年後の人々のいろいろな生き方を紹介し、あなたの定年後の生き方の参考にしてください、というのであろう。

わたしは人の人生を見るのは好きである。しかし案外、人の生き方というものは参考にならんもんである。何十人もの定年後が数ページで次々と紹介されていると、もう好きに生きてくれと、読むのもめんどうくさくなる。多ければいいというものではない。といって、「人生の楽園」みたいに三〇分かけてひとり(あるいはふたり)の生き方をじっくり見せられるのがいいかというと、それはそれで勝手にやってくれ、といいたくなる。そうでありながら、感心する生き方をしている人というのはやはりいるもので、人の人生を見るというのも難しい。

どんなに多くの人を取材しても、網羅することなどできはしない。ひとりの人を詳しく調べたところで、限度はある。いずれにしても、それはまったく生きてきた環境の違う人の人生ではないか、ということを超えることはできない。ああこの人はいいな、こういう生き方はいいな、と思うことはあるが、それだけのことである。すぐ忘れてしまう。人それぞれの置かれている位置が絶対に違うし、ゆえに立場も違うのだ。自分の事情というやつである。

わたしは定年後をこうして過ごしています、という著者たちも、結局はそういう生き方が好きなわけである。郡山氏の「90歳まで働く」だって、かれはそういう生き方が好きなのである。かれの考え方の多くは、すべき十項目、してはいけない十戒を見ていると、わたしが同意できそうなものが多く、これはいいのではないかと思うが、これはわたしの好きなことと合うからである。そして身もフタもない言い方をするなら、いいなと思って終わりである。それでいいのだ。

定年後はキラキラ輝く黄金期？

これまでに一通りの定年本は読んできた。そのなかでこの人ほど、定年後に順風満帆、もう文句のつけようもない、これ以上の幸せは望めない、毎日が楽しく充実している生活を送っている人は、この日本ではいないのではないか、と思える人が野口雄志氏である。なにしろかれの定年後は、人生の「黄金期」だとおっしゃっておられるのだからかなわない。その著作が『定年後の人生を黄金期にする方法』（KKロングセラーズ、二〇一八）である。だって、たかが定年だよ。

わたしはこういうタイトルを見ると、もうそれだけで、即、またいんちきなことをいいやがって、と思ってしまう。人生に「黄金期」などないし（ああ、あのころはよかったなあ、と錯覚してしまう時期はあり、それを黄金期と呼ぶのならあってもいいが）、元々「ない黄金期」を、あるようにする「方法」もない。ところが野口氏はその「まえがき」で、元気溌剌、天真爛漫、狂言綺語にこういっているのである。

最近、ひとから、「どうしてそんなに元気なのですか？」とか「やけに楽しそうですね」といわれることが多くなったが、「自分でも日々（といっても過言ではないのですが）充実した毎日を送っていると実感していますし、毎日成長したいし、成長もしていると思っています。ですから何をしていても楽しくてしかたがない」。ふーん、毎日毎日そんなに楽しい？　これを聞いてどうですか、みなさん。

なんだかいやな感じである。「毎日成長したいし、成長もしている」？　そんなことあるわけないっしょ。「何をしていても楽しくてしかたがない」というのもウソである。そんなバカなことあるわけがないのだ。

超高級老人ホームに入っているおばあさんが、テレビのインタビューに答えて、「毎日楽しいわよー、ねー」と傍のじいさんに無理矢理同意を求めていたがそれとおなじで、毎日楽しいなんてウソに決まってるのだ。あるいは大阪から瀬戸内の島に移住した老夫婦がいて、その七十一歳の妻が「毎日楽しくて」という。

もう老人たちがやかましいのである。最近の日本人はやたら「楽しい」だの「幸せ」だのといいたがるが、この年寄りたちの「楽しい」一点張りは、耳障りである。自分たちの選択は絶対に正しかった（まあそうなのだろうが）、問題はひとつもない、間違っていたとは認めたくない、つまりわたしは世間に勝っている、人生に勝っている、といいたいのである。そりゃよかったね、で済む話なのだが、その得意顔が小面憎い。

野口氏もいやがうえにも自信満々である。「家族といる時も、仕事をしている時も、遊んでいる時も、国内外に多くある出張による移動中でも、宿泊先でも、そして何よりも多くの新しい友人に出会う時や新しい仕事と出会う時には、とても充実した、輝くキラキラした時間を過ごしていると感じています」

なんか腹が立つなあ。なんだよ「輝くキラキラした時間」って。「移動中」も「宿泊先」でも、時間が「キラキラ」しているのか。充実した楽しい時間、の比喩のつもりなのだろうが、つねに「とても充実」しているということさえ疑わしいうえに、こういう比喩をわたしはまったく気に入らない。いい年して、バカいってんじゃないと思う。

野口氏は、在職中の五十歳のころは「毎日が戦いでした」といっている。「休みの日にはできる限り身体を休めていた」というほどだ。しかし、定年後を「黄金期」にするために、もし在職中に定年後の「面白いことをイメージ」できたり、そういう「ガイドブック」があったなら、在職中も「もっと輝いていた」のに、と思い、この本を書いた、といっている。余計なことをしてくれたものだ。

この本は、もちろん定年になる当人たちに読んでもらいたいが、「ご主人にもっとキラキラしてほしいと願う奥様」、また元気がないと「心配しているお子様」からの「プレゼントにしていただければ幸いです」。躊躇や屈託というものがない。妻や子にまで販路を拡張する魂胆である。そりゃそうなれば「幸い」だろうよ。

野口氏は一九五三年生まれの六十六歳。東洋大学経済学部卒業後、日本通運に入社。情報システム部門、国際輸送部門、米国現地法人に勤務、本社IT部門の最高責任者を歴任。経歴欄に「日通ITの野口」として業界で語り継がれている、と書かれていて、まあこういうことがほんとうであった試しはないのだが、氏が相当の活躍をしたことは確かであろう。そこまではわたしも疑わない。

氏は定年後、起業することに決めた。「前職を四三年間勤め上げて、定年後三年半が経過しました。現在はコンサルティング会社を起業し、人材育成や経営戦略、IT戦略などの策定、実行をお手伝いしながら、お客様自身もお客様の会社も元気にすることをビジョンとして掲げています」

この起業が「大正解」だった。「当面は蓄えを切り崩す」覚悟であったが、創業二カ月でコンサルティングの仕事を一年間契約することが出来、その収入を元にしながら、さらにスポット講演、定期セミナー開催、一年契約の顧問やアドバイザー、社外取締役の話などが相次ぎ「とても恵まれて」いた。これは在職中から取引先との関係や外資系企業のある人の新たな会社の立ち上げなどに尽力をしたことがあり、「社外ネットワークの構築がとても大きな財産になって」いる。これが氏の自信と自慢の素だ。

「とにかく楽しくてしょうがない」バカ

野口氏は、定年後の生き方を考えると、「五〇歳あるいは四〇歳から動き出すのがベスト」だといっている。しかし、まずは今の仕事をやり抜くこと、それから五年後の自分をイメージすること、そしてなんでもいいからほんとうに自分のしたいことを見つけること。たとえば、といって、こういう人たちを紹介している。「コーヒーショップのオーナーやアイデア商品の製造・販売、海外で仕入れた商品のネット販売、スポーツトレーナーやヨガの先生なども私の周りにたくさん存在しています」

やりたいことが決まったら、それからは一年ごとに成し遂げる目標を定め、一年終わったらその目標の達成度と満足度を検証すること。資金計画や健康管理のことも考えること。また、行動半径も広げ、異業種交流会などにも参加して社外のネットワーク作りを拡張すること。

これは野口氏がやってきたことである。その結果「大正解」だったという。しかし、このとおりにしても、だれもがおなじ結果をだせるわけではない。だからわたしはこんな箇所は本気には読まないし、詳しく紹介しようとする気もない。しかし野口氏は得意満面である。もしあなたが「定年後はゆっくりしたいなどと考えていましたら、ぜひ考え直していただきたい」。え？ ゆっくりするのはだめなのか。

「定年後に自分のやりたいことを明確に持っておくことで生き方が前向きになり、若さを保ち、さらに輝く人生への入り口になるからです」。いや、おれは全然輝かんでいいんだが、それではだめなのか。それにあなたはどえらい仕事をやったような勢いだが、ただのコンサルでしょ？ バカにしているわけではないが、多くの人がやっているふつうの仕事でしょう。そんな、鬼の首をとったようにいわなくても。

野口氏は仕事以外にも毎年新しいことに挑戦していて自慢気である。沖縄三線のレッスン、ゴルフのレッスン、そして「今年はいよいよ今皆様に読んでいただいている執筆活動に挑戦」したのです。かれは「無駄な時間」が許せないのである。今現在、「自分で言うのも何となくおかしいのですが、キラキラ輝いている自分がいます。仕事はかなりしているのですが、とにかく楽しくてしようがない」。もうバカじゃないかと思う。

日々の過ごしかたも、ウォーキング、庭の手入れ、買い物、月に二、三回のゴルフ（三グループに属しているので、年三五〜四〇回ほどのラウンド）などで充実。「このように私は休日も目いっぱい動いているのですが、皆様のなかで、もし今の生活で休日はついつい家でゴロゴロという方がいましたら、五五歳にはまだ時間がある方でも休日の時間の改革をお勧めします」。勧めるんじゃない。

家族は「仕事や会社よりも大事にしてほしい」。うん、それはいいことだ。自分は家事や料理が苦にならない。夫婦同士敬い、挨拶は欠かさず、「ありがとう」は頻繁にいう。知らんがな。「夫婦二人の生活になった時に最高のパートナーとして定年後の黄金期をお互いに楽しんでいくためのベースになります」。やかましいわ。夫婦のあり方についても、野口さんに講釈されてしまった。講演会では評判のいい話題なのかな？「長い人生でやってくる色々な出来事に遭遇しても、『これこそが自分が輝いて生きている時』と考えることで、毎日が充実し自分自身を幸せにします」。ちょっとなにをいってるのかわかんない。

読者の皆様が幸せになり、毎日笑顔で楽しく暮らせることによって、必ず家族も幸せな気分になると思います。楽しさや幸せの連鎖反応を最も身近な存在である家族に感じてもらいませんか。

私が盛んに「輝く」という単語を使っているのはそのためです。まず自分が輝いて、キラキラして自分の周りも輝かせる。笑顔の似合う読者の皆様であれば、間違いなくできると確信します。


もう自分にはどんなことでも人に忠告ができる資格がある、とも思っているようである。ファッションアドバイスまでやり始めている。「普通の五〇代、六〇代ではなくて、輝いている五〇代、六〇代に見えるために、ここではお洒落の話をしたい」。お洒落に気を遣うといっても「だらしない恰好はやめようということです」。スーツもたくさんの種類を「持つ必要はありませんが、セミフォーマルでも使える色合いや少し明るい色合いを数着、冬用とオールシーズン用で持っていれば十分です」。だれなんだ、あんた？

「爪の長さ、髭のそり残し、眉毛の乱れ」など、「目につくところは特に気を付けて下さい」。ネクタイは「柄もストライプ系、ペイズリー系、チェック系、色合いも明るい色から少しシックな色を用意しておけば十分でしょう」。もう調子に乗って、止まらなくなっている。

「これはスーツ、ネクタイと色合いを合わせる必要がありますので、雑誌やネットなどで時間のある時に基本の色の合わせ方だけでも覚えておけば問題なしです」「何度も言いますが、時間やお金をかけて下さいと言っているわけではありません。ちょっとした気遣いでこのお洒落や清潔感が演出されます」。ドン小西か。

野口氏はいい人間なのだろうと思う。かれは日本人の上下関係が好きではない。同感である。仕事の協力会社を「業者」というのも嫌いである。「あらゆるシーン」で「ありがとう」をいう。野口氏の家族はみんな幸せで、会社の仕事も順調なのだろう。

努力もしないで人生を楽しもうと思っても、それは無理です。どうせ生まれてきたからには、一回しかない人生を自分で切り開いて思い切って楽しく生きてみませんか。

読者の皆様が楽しく生きることで周りの人も必ず楽しくなります。家族も同僚も仲間もです。ですからとにかく楽しく生きるために何ができるかをじっくり考えてみて下さい。そしてできるものから始めて下さい。

そうすれば楽しい人生がどんどん近づいてくると思います。

もう非の打ちどころがない。エネルギーにあふれている。ドアを勢いよく開けるなり、オッハヨーとでかい声で挨拶し、いつもニカッと笑顔で、鬱陶しいありがとうを連発し、ユーモアがあると思い込んで上機嫌で、多趣味で、清潔で、小ぎれいで、家族思いで、気遣いができ、カラオケもスポーツも好きで、愚痴や悪口は一切いわず、仕事は公平で、もう自己啓発セミナーの講師的ないい人なのであるが、しかしその一々の口調が怪しく、そのすべてが疎ましいといってもおなじ。「定年バカ」としては相当な逸材である。

「良し悪し族」と「好き嫌い族」

郡山史郎氏の「90歳まで働く」というのは、いろいろ理屈はいっても、結局かれは「一生働くこと」が好きなのである。「十の戒め」は氏にとって十の嫌いなこと、「十の奨め」は十の好きなことである。野口雄志氏の、仕事も家族も生活も目いっぱい元気モリモリ幸せ一杯の晴れやかな「キラキラ」人生も、ただそうすることが好きなだけである。あるいは、そういうふうに自分を飾るのが好きなだけ。

これは前にも触れたことだが、他の人の定年本について、あるいは人間の振る舞いや、社会の大小の出来事について、わたしがある意味偉そうに、これはいい、これはよくないといっているのは、善悪や正誤に基づくものではない。いや、それはそうなのだが、それも最終的には、わたしの好き嫌いに依拠しているという他はない。

一橋大学大学院教授の楠木建は、世の中には「良し悪し族」と「好き嫌い族」がいて、楠木は断然「好き嫌い族」だといっている。じつはわたしも「好き嫌い族」である。楠木は「世の中の9割は好き嫌いで成り立っている」といっている。これに根拠はないが、ほぼ間違いないという勘が楠木にあり、それでいい切る、というのも好きなのである。であるからには、わたしたちも九割の好き嫌いの判断をしなければならないことになる。

「人はいろいろな物事に囲まれて生きている。そのなかで自分の価値基準に照らして初めて、その人なりの意見や考えが生まれる。人が他者に強制されず、自分自身で獲得した固有の価値基準。自分の言葉で対象をつかみ、自分の言葉で考え、自分の言葉で伝える力。もっと言えば、『その人がその人である』ための基盤。これが教養である」（『すべては「好き嫌い」から始まる――仕事を自由にする思考法』文藝春秋、二〇一九）。

「これが教養である」は楠木の見解で、異論もあろうかと思うが、この議論にはもう少し先がある。「不自由から解放されて、自由になるために教養がある。それは自分に固有の好き嫌いを自覚し、それを価値基準として思考し、判断し、行動することに他ならない。ごくあっさり言えば、教養の正体はその人の好き嫌いにある」。これが大事なところだ。

教養の底には「好き嫌い」があるのである。

簡単なことである。わたしの「好きにすればよい」というイデオロギーもじつに簡単なことだ。ところが、「自分の好き嫌いについての理解が深いほど、人間は快適かつ思い悩むことの少ない生活を送ることができる」はずなのに、人は案外自分の好き嫌いに自信がないらしい。つまり自分の価値判断に自信がないのである。

自分の問題なのに、自分がしたいこと、食べたいもの、好きな人、見たいものがわからない。みんなが動くほう、好むほうに従って生きてきたから、自分の好き嫌いが形成されなかったのか、はわからない。そこで、なんでもかんでも、専門家にお伺いをしなければ不安でたまらない、ということになる。それとも、どんな問題にも「専門家」とやらが口をはさんでくるので、いつの間にか無意識のうちに頼りにするようになったか。

自分の価値観は好き嫌いとして表れる。その人の好き嫌いリストを見れば、その人がわかる。好き嫌いとは趣味嗜好である。まだ感情ではない。カレーは好きだが、エスニックなドライカレーは好きじゃない、というのは嗜好である。が、好き嫌いが人を対象とすると、感情として表れる。感情の表れ方を見れば（感情をどの程度コントロールできているかいないか）、その人の自立度がわかる。

自分の価値観に自信をもつこと

ちなみに楠木建は自分のさまざまな好悪を披瀝している。「勝負事そのものが好きなわけではない。賭け事はまったくやらない。競技スポーツとなるとはっきりと嫌いである」。テレビは「観ない」。シュークリームが好き（ビアードパパ？　……引用者注。以下同）。クッキーは嫌い（細かくておもしろい）。「徹頭徹尾室内派文化系」。「組織の上下関係が嫌」（まったく同感）。「歌舞音曲が好き」（楠木はバンドをやっている）。「キッチン南海のカツカレーが好き」（ふふ。好ましい。「キッチン南海」は東京神田すずらん通りにある）。「集団行動とかチームワークがテンでダメ」。

「フェイスブックというやつがどうにも好きになれない。6、7年前に一応登録してみたものの、普段は触らない」。好きになれない理由は自分の「性格」にあるようだ。「人づき合いが億劫なタイプ」で「そもそも多くの人々との『つながり』を求めていない」。だから「私的な友達はそう多くない。というか、ヒジョーに少ない」。さらに「僕は現場現物を重視するやたらと現実的な人間で、リアルなものにしか意味や価値を感じない」。だから「バーチャルなつながりは、僕にとっては無用の長物だ」。
フェイスブックを好きになれないもうひとつの理由は、自分の「生活」にある。「僕はいたって非活動的な生活様式を堅持している」。そんなもんだから世の人がフェイスブックに活動的な生活を楽しんでいる報告をしているが、自分には報告すべき「イベント」がなにもない。

早起きして仕事場に行き、仕事をして夕方頃には早々に撤収、ジムに寄って帰宅してしまうと、あとはお風呂に入ってご飯を食べて本を読んで日記をつけて寝るだけ。9時半には床についてしまう。この小学生のようなルーティンをひたすら繰り返している。仕事のない日は終日自宅でダラダラする。ゴルフやサーフィンや釣りやトライアスロンに出かけていくこともない。毎日の仕事時間は短いものの、一応は集中して仕事をするので、週末ともなると疲れもたまる。そこで、せっかくの休日は無活動の幸せを心ゆくまで追求。真剣に休憩。全力で脱力。外に一歩も出ないどころか、ベッドから起き上がっている時間のほうが短い。

これほど世間の大勢的（支配的）な価値観に反して、自分の自由な考えを堂々と発表する人を知らない。大勢的な価値観とは、たとえば活動的な人間や友だちの多い人間ほど生き生きとしている、SNSは活用すべし、日本の先輩後輩関係は美的伝統だ、多趣味の人は人生や生活を楽しんでいる、というバカっぽい人間観や人生観のことである。「小学生のようなルーティンをひたすら繰り返している」というのがいい。こういうことを堂々といえるのも、自分の好き嫌いに自信があるからである。楠木につまらぬ見栄は必要ないのである。

定年後も老後も「好き嫌い」でいく

楠木建は生き方もそれゆえぬるい。『好きなようにしてください』（ダイヤモンド社、二〇一六）から引用してみる。

「厳しい競争や利害関係にできるだけ巻き込まれず、自由気ままに好きなことだけして生きていきたい。これが若い頃の僕の将来についての漠然としたビジョン（？）でした」「僕は会社の仕事、とりわけ経営という仕事にはまったく向いていない」「まず、頑張りがきかない。（略）全力を出すのが嫌い。マックスで八〇％」「性格がとにかくユルユル。競争が嫌い。うまくいかないと、すぐうどん食って布団かぶって寝ちゃう。（略）チームワークがからきしダメ。（略）投資銀行やコンサルティング会社のようなハードな仕事につけば、即死は目に見えている」

まとめとして、こういっている。「僕が唯一成長したのは、成長しない自分をそのまま受け入れて、そういう自分とつきあっていく能力においてです。この点ではよどみなく成長しまくりやがりました」。この「〜しまくりやがりました」は、楠木のいわば修辞上の必殺技で、かれはこれをいつどこで使ってやろうかと楽しんでいる。

ところが、こういう「ゆるい」部分ばかりを真に受けて、おれと考え方も生活態度も似ているな、そうか、おれも今のままでいいんだな、などと思っていると（そういう人はいないと思うが）、とんでもなく間違う。いうまでもなく楠木は刻苦研鑽は積んでいるのである。楠木の「小学生のようなルーティン」というのを読んで、まあ質素な生活をしているんだろうなと思ってると（基本はそうだろうけど）、けっこう名のある料理屋で美食を食べてたりしていて、それはそうなのである。たとえ好きな人間でも所詮人は人、結局、自分ひとりの好き嫌いで生きるほかないし、そうやって生きればいいのである。

定年後も、老後も好き嫌いでいけばいい。ただ、お金のことだけは好き嫌いが通用しない。わたしはお金が好きだといっても、嫌いだといってもなんにもならない。お金の良し悪しをいってもなんにもならない。あるかないか、足りるか足りないか、十分か不十分か、でしかない。それ以外のことなら、全部好き嫌いでいけばいい。お金に対する好き嫌いは意味がないが、お金の使い方には好き嫌いがある。

日本に大型豪華クルーズ船が続々と来るようになった。それに連れてかどうかは知らないが、日本の高齢者のあいだでもプチ・クルーズ人気が高まっているようである。といってもわたしが見たのはジャパネットの「商品」だけ。日本周辺を十日ほどで周航するものである。デッキのある部屋、海の見える部屋、海の見えない部屋によって、それぞれ値段が異なる。

豪華な食事、さまざまなアトラクション、プール、ダンスパーティ、飲み放題の飲料。このクルーズを体験した老夫婦や友だち同士で参加した老婦人たちが、はしゃぎながら口々に絶賛している。中年男「初めてこういう楽しい思いをしています。この船旅ほんとに来てよかったです」。おばさん「団塊の世代の方に絶対お勧めします」。老夫婦「51年間のご褒美。また来ます」。もちろん、かれらはサクラだからね。

どうやらセレブ気分を味わえるらしいのである。友人同士はまあいいとして、わたしの悪い癖で、老夫婦はいったいなにが楽しいのだと思ってしまう。二人してムームーかなにか着るのかな。ムームーって知らんか。ジャパネットが船を全部借り切っていて、全員日本人だから気が楽なのだろう。しかしわたしはこういうものに、トンと興味がわかない。好きじゃないのだ。なにがセレブだと思うが、やってみると意外にいい気分のものなのかもしれない。弱ったね。

第7章

「死ぬまでいってろ」のバカ

「死ぬまでSEX、死ぬほどSEX」のバカ

寝ぼけ眼《まなこ》で起き、あーあ、また一日が始まったか、くそめんどくさいなあという気分で朝刊を開くと、いきなり朝っぱらから「死ぬまでSEX、死ぬほどSEX」というタイトルの下、「革命的エロ動画サイトを発見!」「60歳からのSEXは『早くて強く』が気持ちイイ」(『週刊現代』)とか、「冬が来た!『不倫』は罪だがナニは立つ」「飛び出して震える四次元エロ動画」(『週刊ポスト』)といった、エロ全開のバカやろうな広告見出しが躍っていたのを覚えておられる方も多いだろう。

『週刊現代』が二〇一〇年二月に「大研究 死ぬまでSEX」のタイトルで連載を始めたのである(後には「熟年SEX講座」)。この成功を見た『週刊ポスト』は追随し、「死ぬほどSEX」の見出しで差別化をはかろうとしたようだが、そんなことができるわけもなく、当然似たり寄ったりである。いずれにせよ、手を替え品を替えた先のような見出しが何年間も、毎週(ではなく、随時)月曜あたりの早朝から、朝刊紙上に躍ったのである。

わたしはそのころ、退職していたが、何回かこの見出しを目にした記憶がある。もう必死だな、と思った。見出しに興味を引かれはしたが、立ち読みでも、一度も見たことはな

かった。「死ぬまでSEX、死ぬほどSEX」という見出しに、またバカいってるよ、と思ったからである。そんなことあるわけないじゃないか、というか、できるわけないじゃないか。もうなりふり構わずに、必死だな。

二〇〇九年から二〇一二年まで『週刊現代』の編集長を務めた鈴木章一氏（現・講談社取締役）の話。読者年齢層は年々上がって団塊の世代が中心となり、そこで「いくつになってもセックスを楽しもうという大特集を組んだら、見事にヒットし売り上げは急増した」という。企画会議で「定年退職した団塊おやじたちが興味を持ってるのって、なんかね」「蕎麦打ちが人気らしいですね」「そりゃ、なんだかんだいっても、セックスしょ」「だよなー」「『死ぬまでSEX』って、どうすか？」「おまえ、エグイなあ」てなことだったのかどうかは知らない。申し訳ない。その後、特集のテーマの対象も「60代、70代、80代、そして90代までエスカレートしていった」。

かたや部数低迷に悩んでいたライバル誌の『週刊ポスト』に、救世主として飯田昌宏氏が新たに編集長に就任した。飯田氏は「負けていられない思い」で「2010年夏くらいから追随した」「もとよりSEX特集のノウハウ、スケベ度については雑誌としても、個人的にも負けない自信がありましたので」といっている。なんだ「個人的にも」って。これにより両誌の、どちらがより刺激的かつより露骨になれるか、の抗争が勃発したのである（元木昌彦「〝死ぬまでセックス〟に注がれる高齢者の熱視線――『シニア層』がED薬を渇望するワケ」PRESIDENT Online、二〇一七・八・二二）。

読者からの反響に「シニア層がこれほどSEX記事を渇望していたとは」と知り、驚いたという。部数が相当伸びたことで反響の手ごたえを感じたのだろうが、「渇望」は大げさだろう。興味を引かれたという程度ではないのか。いや特集を打った週は劇的に売れたよ（どれくらい伸びたのか）ということかもしれないが、それは例のごとく、今度の特集こそは！　という読者の期待がつづいたからであろう。

飯田氏はなおもこういっている。「認識を新たにしたのは、ちょうど定年にさしかかっていた団塊世代の読者が、その年齢にさしかかっても健康（長寿）への関心＝長寿欲、投資、財産運用、年金への関心＝金銭欲、そして女性への関心＝性欲への異常な強さを持っていることでした。この欲望の強さは、彼らより若い世代、現在の若者たちよりもずっと強いのではないでしょうか。そこで誌面でも、こうした団塊世代向けのSEX記事を意識して特集するようになりました」

団塊の世代の性欲がとくに強いわけではあるまい。「性欲への異常な強さ」と、団塊は異常性欲者のようにいわれているが、むしろ「彼らより若い世代、現在の若者たち」のほうが弱すぎるのではないか。しかし世にはびこるセクハラおやじを見ていると、たしかに団塊の世代以上のやつらが多そうな気もしてくる。確かな統計数字を持っているわけではないが、団塊の世代に、おれはもてると勘違いしているバカ男が多いことは認めてもいい。こいつらがセクハラをやっているのではないか。

ちなみにこのネット記事の執筆者の元木昌彦氏も『週刊現代』の元編集長だった人で、「ヘア・ヌード」という言葉を作った人だという。浅利慶太と渡辺淳一にバイアグラの効能と使い方を教わった経験があるらしい。氏は「自分が70代になって、まだかすかだが性に対する欲望がくすぶっているのを感じる。いざ鎌倉というときのためにバイアグラを財布に忍ばせてある。使うことはなさそうだが」と語っている。

「性欲はあるが、精力がない」

老人の性という問題について、時々、雑誌や週刊誌で記事が書かれたり、本が書かれたりする。たいていはアンケート結果が載ったりして、いわばおとなしいものである。興味本位を排して、まじめな研究の体裁を装うのである。そこに、下品もくそもあるものかの

「死ぬまでSEX、死ぬほどSEX」である。

「死ぬまでSEX」？　そうなのか？　「死ぬほどSEX」？　考えたこともなかったな、である。それが妄想おやじたちのもやもやしていた脳に突き刺さったのであろう（そこは「脳」じゃなくて「股間」でしょう、なんかどうでもいいのだ）。それまでくすぶりつづけていた火元が扇情的記事に煽られたのである。

しかし、そこまでだったのではないか。毎回毎回買って読むが、それでなにがどうなるわけでもない。結局、読み始めることで焚きつけられ、読み終わると、そのまま鎮火するしかない。所詮ボヤである。苦心の発明「袋閉じ」も似たようなことであろう。

わたしもどんな記事があったのか、知らずに書いているもんだから、なんとも推測のしようがないが、人間とは案外動かないものである。結局、『週刊現代』と『週刊ポスト』の売り上げ増に貢献しただけだったのである。確認されたのは、六十、七十になっても、性的好奇心はあるという当たり前の事実であり、そしてそれだけということだ。

日本テレビの「月曜から夜ふかし」という番組で、「人は墓場まで持っていく秘密をどれだけ持っているものなのか？」という問いを立て、八十二歳の老人に訊いた。そんなじじいにそんな秘密あるわけねえだろ、と思っていたら、このじいさん、けっこう秘密めかしてしぶっていたのである。え？ あるのか。「今八十一歳のばあさんと交際をしてて、妻には言えない」とにやけておった。なんだこれ。交際といっても茶飲み友だち程度だと思うが、わからない。どうでもいいわ。

佐野洋子の晩年の本に、ところどころニコニコ堂という人物が出てくる。どうやら軽井沢の佐野の別荘近くにある古道具屋の主人のようである。佐野の家に来るだけで精力をつかい果たして泊まっていく。ニコニコ堂は、口を開けば「アノネ、僕、性欲はあるけど精力がないの」という。このときかれは六十歳半ばだったか。

「『はっきりせい、要するに、やりたいのに立たないってことなの？』と聞いたら、『そう、でも、それも微妙に何ていうか、ほらマンゴーをむいてうすくスライスしたみたいに違う』」というのである。このマンゴーの例えはよくわからぬが、「性欲はあるけど精力がない」は妙に身に染みる（『死ぬ気まんまん』光文社、二〇一一）。

わたしも今では、ほとんどこれだな、と思っている。すなわち、関心はあるが精力はない。それが脳梗塞をやってからとくに顕著なのである。倒れたとき、一瞬、ビートたけしのジョークを思い出した。ウソではない。「脳梗塞で倒れた男が、その瞬間、ナニをそっと左側に寄せた」というものである。わたしは思っただけで、実際には寄せなかった。それどころではなかったのである。なにをいってるんだ?

少し前に「紀州のドンファン」の本を読んだ。「美女4000人に30億円」使った男として有名になった男である。かれは二〇一八年、七十七歳で謎の死を遂げた。七十七歳といえば、立派な老人である。かれこそ「死ぬまでSEX、死ぬほどSEX」を実践した人であろう。かれは後悔はなかっただろうが、大満足という感じでもなかった。最後のほうは「美女」を漁ることもなくなり、二十代の女性と結婚した。その他の話題でマスコミをにぎわしたが、もう「美女」にも興味がなくなっていたのではないか。

「死ぬまでSEX、死ぬほどSEX」は言葉はエグいが、記事の中身も、それを読んだ読者の中身も空っぽである。空っぽというのは、無意味というのではなく、その時その場で消えてしまうということだ。人間にとって「SEX」(性欲)は、つねに実体以上に大きすぎるのである。大きいのは妄想だ。たいていのことは、そんなものだ。

「モテじい」を目指す熟年男の無残

石蔵文信氏は、定年夫に「『定年後は妻とのんびり過ごす』は、男の理想に過ぎない」と断言し、「夫婦水入らずの温泉旅行は夢見るな」という。また「定年後の夫婦関係で取り組むべき努力の方向性は、『夫婦仲良く一緒に』ではなく、『お互いに気が楽な関係』が正解だと思う」と正しいことをいっている。（『なぜ妻は、夫のやることなすこと気に食わないのか――エイリアン妻と共生するための15の戦略』幻冬舎新書、二〇一四）

しかし「心底嫌になって冷たい関係にならないようにするため」に、「こじつけや無理やりでもいいから、妻の可愛いところを探すのだ」と恐ろしいことをいっている。お断りする。いいことをいっていたのに、これはまたどういうつもりか。急に世間体を気にして、建前ばかりいうようになったのか。この後、急速につまらなくなるのだ。逆にいうとおもしろくなるのだけど。

石蔵氏は「55歳からの自己革命を提唱したい」という。まず「今の仕事はほどほどにセーブして、浮いた時間で退職後の準備を始めること」。それから、毎日やる仕事があって、ストレスの発散が上手で、生活を楽しむのがうまいおばさんのようになること、つまり「おばちゃん化する」こと。それから妻がいなくても掃除・洗濯・料理、通帳、印鑑、不動産の契約書、保険証書の保管場所の確認など、自分でなんでもできるようになること。なんだかよくわからないが、これらは「自己革命」の一環である。

つぎは、孫の育児に参加する「育G」のすすめである。「G」は「じいさん」ではなく

「グランド・ジェネレーション」（最上級の世代）の意味だというが、どっちでもええっす。これには「世話を押しつけられてしぶしぶやるのではなく、格好いいシニア世代が自発的に孫育てに参加する、というポジティブな意味が込められている。おしゃれに、楽しみながら孫の世話をするのだ」。あとは孤独に耐えられる趣味を持つこと、一人で遊べること、そして例のごとくご近所づきあい。

人はどうしてこんな本を書くのだろう。わたしにはさっぱりわからない。もうなにを書いてもOKなのか。

「定年前の自己革命の目的を、妻と折り合いをつけてうまく暮らしていくため、定年後の男の危機から身を守るため、と考えるだけではつまらない。もっと楽しくて張り合いがあり、自分のモチベーションが上がるような目的を設定しよう」といって、「たとえば、『女性にモテる』というキーワードはどうだろう」てなことをいっている。

どうだろう、もないもんだ。投げやりである。もう「モテる」という、情けなくも薄っぺらい言葉を、使った時点でだめではないか。

老いも若きも関係なく、男性は「〇〇をすれば女性にモテる」という言葉に弱い。女性にモテるためなら、男性はどんなことでも情熱を注ぎ、努力することができる。「女性に好感を抱いてもらえるモテメン（モテじい）になる」ことを、自分革命の目標に掲げてみよう。

いやだね。なにが「モテメン」、「モテジイ」だ。なにが「掲げてみよう」だ。いい年をしてつまらんことを考えるものである。それで格好をつけて「自己革命」とかいっている。日本社会からこの「モテる」という言葉がなくなることはないだろう。だが、わたしはこの言葉が嫌いである。「死ぬほどSEX」は下品だが、「モテる」は愚劣である。

石蔵氏は「ただ、50代後半になって今さら女性とどうこうなろうとまでは考えなくてもいいだろう」などと抑制をしている。しかし、みんな「どうこうなろう」と考えてるのは当たり前じゃないか(妄想で終わる)。そんなことよりも、女性から「感じのいい人だな」「素敵なおじさんだな」と思われるように「努力しよう」といっているが、世の男がだれひとり、同意することのない提言である。また「妻以外の女性の目を意識することによって自分を磨くことができる」などといっている。まったく無意味な言葉。

石蔵文信氏は現在六十四歳で大阪大学の循環器の先生であった。ちょっとびっくりする。

医者としては立派なのかもしれないが、人間としては幼稚である「女性、特に若い女性から好感を抱いてもらい、親しくつき合ってもらえるようになると、新しい情報や若い人の考え方などにふれることができ、多くの刺激や発見を得ることができる。それらを得ることによって、なお若々しくいることができる」。だめだこりゃ。

冒険ぎみの服装でモテる？

ところが石蔵氏は全然懲りていない。まあわたしが注意をしたのがたった今だから、反省することは不可能なのだが、なんのつもりか、かれはファッションにも自信があるらしく、服装選びを教えてくれたりするのである。「モテメン（モテじい）」に近づく方法として「もっとも手っ取り早く実践できて効果も高いのが、身だしなみを整えることだ」といって、「老けた印象を与えないためにあえて明るい色の服を着たほうがいい」。

この後、氏はどういうつもりか、服装選びの心構えを説くのである。ほんと初老おやじたちのファッション・アドバイスが多いね。どいつもこいつもバカじゃないか、と思う。みなさん、次からは自分の写真載せてよ。

「私も、昔は黒や紺色、グレーなどの地味で無難な服を愛用していたが、外見の重要さに気づいてからは意識して明るい色や若々しいデザインの服を選ぶようにしている」「私の場合、服を買う時は必ず夫婦でお店に足を運んで妻に選んでもらうことにしている。店員さんの意見も参考にしながら、いろいろと試着してみて、『この年にしてはちょっと派手かな？』『少し冒険ぎみかな？』と思うような色やデザインの服を選ぶように心がけている」

石蔵氏の服の買い方にわたしはまったく興味がない。奥さんに選んでもらうことも勝手にすればいい。夫婦仲がいいのもどうでもいい。こういうことが、氏にはわからないらしい。もう調子乗っちゃって。

「『モテ』を意識して服を選ぶのだから、女性の意見を参考にすることも大切だ。女性店員は男性店員とは違い、似合わない服は正直に『似合わない』と言ってくれるし、おかしなものを無理に押し付けたりしない人が多いので、服選びのコーディネイトの相談相手として心強い」。氏はいったいどこで買っているのか。行きつけの洋服屋（なんというのか、よく知らない）があるのだろう。

「そんなふうにして、以前は赤い革のジャケットを買い、昨年の夏には『クロップドパンツ』と呼ばれるアイテムに初めて挑戦した。ふくらはぎが隠れる程度の、半端丈のズボンである。初めて試着した時は『おっさんが脚を出すなんて、みっともないかな？』と少し躊躇したが、女性店員の『大丈夫、似合ってますよ』という言葉に励まされて購入した」。店員のいいなりになる、いいお客さんなのだろう。「クロップドパンツ」？　どんな格好になったのだろう？　ほんと写真載せてよ。

「外見やファッションを整えるだけで、周囲の女性たちの反応もガラリと変わる。（略）『そのマフラー、いい色ですね』『いつも若々しい服着ていますね！　似合ってますよ』などと、褒めてくれるのだ。たとえ社交辞令だとしても、女性から褒められるとやはり嬉しい」。

本気にしちゃったよ。看護師か女性事務員から褒められたのだろうか？

「この章で提案した意識改革の多くは、実は『モテ』につながる道でもあるのだ。実際に女性と恋愛関係にまで発展するかは本人次第だろうが、少なくとも女性たちの世界にすんなりとなじむことができ、人気者になれることだけは保証しよう」

「本人次第」でもない。人気者になることもない、とわたしが保証する。こういう提言を読んでマネする人がいるのだろうか。これが案外いたりするのだろう。この人の悲惨は、いい年をして、「モテ」という空疎かつバカ言葉に全身引きずられていることである。それにしてもびっくりしたわ。こんなお医者さんがいるとは。ふつうなのか？

齋藤孝が偉い

それに比べて偉いのが齋藤孝である。もう圧倒的に偉い。子どもの運動会で、派手に「もんどり打って」転ぶお父さんがかならず一人や二人かいるものである。学生時代には運動に自信があった人に多い。過去のイケてた自分のイメージにとらわれていて、それがぬけきらない。

実は中高年の恋愛において、この「運動会のお父さん」状態がでてしまうことがあります。とりわけ50歳を越えた男性は、気を付けなければなりません。
自分は若い頃にはそこそこモテていた。まだイケていると思って、はるか年下の女性に熱烈なアプローチをしたところ、手ひどい拒絶をくらってしまったうえに、社内でセクハラの噂まで立ってしまった。（『50歳からの孤独入門』朝日新書、二〇一八）

人間にとって「20代から30～35歳くらいまでは、生物としての全盛期と言える」かもしれない。それが「40歳の時点でも相当落ち」、「50歳になったら、もはやほとんど生物的人気は残っていないと考えたほうがいいでしょう。身も蓋もないことを言ってしまえば、生殖機能自体がもうすでに衰え傾向にあります」。年下の女性に「手ひどい拒絶をくら」う男が、「もんどり打って」転ぶオヤジのことなのだろう。

齋藤は男の度し難さをこのようにいっている。「実際、この現実は受け入れ難いものです。年齢に応じたそれなりの成熟をしてきて、社会的経験を身に付け、経済的にもまんざらでもないというように、50歳の男性はそれなりに自信を持っています」。そうなんだね、信じられないことにオヤジは、自信を持っているようなのだ。「しかし生物として見たときはどうか。その男性の遺伝子が欲しいと思う女性がどれだけいるのでしょうか」

これまでも耐え難きを耐え、忍び難きを忍んだのなら、「受け入れ難」きも受け入れるのである。当たり前のことじゃないか。おれなら許されるだろう、と自分には甘いから、いつまでもセクハラもパワハラも止まないのだ。

池田清彦が五十過ぎの男は生物学的には存在価値がない、というのを聞いて、齋藤は「自分はもう、恋愛の対象にはされない存在なんだな。モテようとしても無駄だな」と、「むしろ楽になった」という。ここは「好き嫌い」のでる幕ではない。「良し悪し」で「好き嫌い」を断ち切るのである。それでもまだ男は未練がましい、という気がするが、齋藤孝の文章としては一番いい文章を読んだという気がする。

「仕事以外の場所で、上司という立場をなくして一人の50代男性として見られたときには、まったく人気がないということを自覚する必要があります」。そこを勘違いするからセクハラがおきる。「ところで私の場合を言うと、『モテる』ということを自分の評価基準にしたことはないと思っていました。モテようと思ってスポーツをしたわけではないし、モテようと思って勉強したわけでもない。もちろん仕事も、モテようと思ってしているわけではありません」。それでも「モテることへの欲求の燃えカスみたいなものが、残っていたのです」。

わたしの場合は「モテたい」という欲求はただの一回も持ったことがない。このことは、もうしつこいほどいっている。ただし、ひとりの女（女性、と書かないとダメか）には好かれたいと思った。そして、もしそうなるのなら、それでまったく文句はないと思っていたのだ。

齋藤孝はこういっている。「勘違いしそうな時は、自分に向かって『お前はジョージ・クルーニーか！（ちなみに私と同い年です）』『リチャード・ギアか！』『竹野内豊か！』

とツッコミを入れるようにしています。すると勘違いが収まります」。こうして齋藤はめでたく「モテたい」という「欲求を断ち切ることができた」のである。

齋藤の次の言葉に、わたしは若干の異論がある。

「50歳になって自分がモテないことを自覚できたとしても、恋愛のエネルギーを根元から断ち切れというのは無理があるかもしれません。それよりは、エネルギーを問題のないところに流し込んでいくのがよいと思います」。それには、「好きなタレントの追っかけにはまる女性のやり方が参考」になるといっている。つまりペ・ヨンジュンを経て、ディーン・フジオカ、純烈、などに夢中になるおばさんたちのことだが「参考」になるのかね。

わたしはペ・ヨンジュン路線がまったく理解できないのである。だから、中年のおばさんたちが、番組でやってきた火野正平や笑福亭鶴瓶を見て、興奮しまくるという姿が、わたしには醜い姿としか映らない。一時、韓流ドラマに入れあげた佐野洋子は、おばさんたちは「華やぎ」たいのよ、といっていたが。

それはウソだろ、森永クン

第3章でもふれた森永卓郎の『ビンボーでも楽しい定年後』のなかに、「生きがいづくり」として「恋は若さの秘訣」というただの思い付きの文章がある。森永がある番組にでて、そこで「高齢者の恋」というVTRを見、「70代になっても恋をするんだ」とつぶやいたところ、鳥越俊太郎が「何を言ってるんだい。ボクはもう70代だけれど、今でも女性を前にすると、胸が高鳴る気持ちは15歳のときと変わらないよ」といった、というのである。

森永は「鳥越俊太郎さんは、男の私から見ても、ほれぼれしてしまうほど格好がいい。その原因のひとつは、いつも恋心を保ち続けているからなのでしょう」と見当外れの感想を書いている。鳥越は若いころから、自分はカッコいい、と考えていたことはあきらかであり、実際にモテたかどうかは知らないが、年を取ってからも、まだおれはイケてると思っているはずである（今七十九歳。さすがにもうあきらめたか）。

こういう男はけっこう未練がましい。もうだめよ、と口ではいっても、そうは思っていないところがしぶとい。で「男の私から見」ると、鳥越は、わたしの好きな格好いい男ではないのだが、女性は案外好きなのかもしれない。どうでもいいが。しかし、「モテる」と並んで「カッコいい」は二大バカ言葉である。

それとは別に、森永は、日本では高齢者の恋をあまりにも縛りすぎたから、その反動で年をとって極端になってしまう人がいるが、イタリア人やフランス人は「日常的に小さな恋をしているから、極端に走ることがない」といって、ひとつのエピソードを紹介している。森永の知人の若い女性が、フィレンツェで美術館の開館を待っていたら七十代のイタリア男に声をかけられたのだという。

「なかの作品を解説してあげるから、一緒に入ろうよ」
「それは嬉しいんですけど、なぜそんなに親切にしてくれるんですか」
「君のような若い女性でも、美術館でボクの流暢な解説を聞くと、30人に1人くらいの確率で、ボクと恋に落ちてしまうんだよ」

わくわくドキドキして暮らす。
それが人生に張りをもたらすのは、間違いないことなのです。

森永クン、この話、ウソだろ。この娘はイタリア語が堪能なのか？　一般のイタリア人は英語が堪能ではないから、英語で話しあったとは考えられない。まあほんとうであってもいいのだが、森永は、だから日本人の高齢者もがんばったらどうか、もっと「人生に張り」がでるよ、といっているのか。だれもかれも、未練がましいのである。

もう、あきらめましょう。ただでさえ汚いのに、もう中年や老年が「モテる」わけがないのである。ミドルエイジ、シニア、熟年、ちょい悪オヤジ、シルバーグレイ、ダンディといろいろ呼び方を変えても無駄な抵抗である。ジローラモのどこがいいのだ？　いいのか。ええのんか。

なにをいってるのだと思うが、なんとかなる人は、あの墓場まで持っていく八十二歳のじいさんのように、勝手になっちゃってください。「好きにすればよい」のである。だがその場合、つまり相手がいる場合、「良し悪し」を超えてはならない。

といっても、他人のいうことなど聞きもしない。自分のいうことしか聞かないのだ（それも怪しいが）。結果、いつまでたってもおなじことを繰り返しているのが人間であり、世の中である。役所広司にならって、こういいたくなる。「処置なし！」。ではなかった。「打つ手なし」。

これがジジイの筋肉？

まだ若いのには負けんぞ、と筋肉方面でがんばっているおじさんたちもいる。この人たちに「死ぬまでいってろ」とはいえない。わたしも体を動かすのは好きだからである。もっとも、最近はずっとさぼっているが。

筋肉トレーニングを勧める本まででている。定年を迎える人で「何か運動しなきゃいけないなあ」と考える人は多いだろうが、せいぜい「ま、定年になればヒマなわけだし、ウォーキングでもしてみるか」あたりでお茶を濁すことになる。

それでも「なにもしないよりはだいぶマシ」だが、「そんな後ろ向きの発想でいいんですか？　と私は言いたい」と叱咤しているのは京都大学名誉教授の森谷敏夫氏である。一九五〇年生まれの六十九歳。筋肉隆々である（森谷敏夫×吉田直人『定年筋トレ――筋肉を鍛えれば脳も血管もよみがえる』ワニブックスPLUS新書、二〇一八）。

「60代というのは、まだ年齢のことなどムダに考えず、やりたいことをやるためにいくらでもジタバタできる年代だと思っています」「多少のスパルタトレーニングにだってじゅうぶんに耐えられる」「ジタバタして日々を楽しまなければ損なのです」

そこで筋トレをして「若々しい体と体力」を手に入れれば、ゴルフの飛距離は伸びるし、テニスや空手をやってもいいし、自転車を買いたくなるかもしれないし、ギター、ドラム、富士登山をやってもいいし、オシャレもしたくなるかもしれない。「人生はより豊かになるはずです」「筋トレは、必ずあなたの『定年後』の人生を変えてくれます」

かれは六十歳になった年の正月に、テレビで千唐流の空手の演武を見た。それがきっかけで練習を始めたというから自身、体験者である。「色気の抜けたジジイにはなりたくない、ダンディに決めて若い女の子からモテたい」という理由であっても「立派なモチベーションになる」といっていて、それはつまらんと思うが、筋トレの趣旨には賛成である。ただ定年後にこんなことまで教えられてしまうとは考えてもみなかったことである。

腕立てと腹筋は常識、あとはスクワット。森谷氏も「週2〜3回」、腕立て、腹筋、スクワットを「20回×3セットずつ」やれば、「60代以上の人にはそれだけで十分」といっている。呼吸は「力を入れる時に吐く」が原則。

森谷氏はもちろんジムでのもっと本格的な練習を推奨しているのだが。本の後半の実践編では、プロのトレーナーである吉田直人氏が、簡単なストレッチと自宅筋トレの方法を写真入りで紹介している。わたしにはこれだけで十分である。と、こんなことをいいながら、やってるのかといわれると、やってはいないのである。

ただどんなに頑張ってみても、六十、七十、八十歳の体は、たとえ筋骨隆々としていても、所詮、たるんだ体が締まっただけの筋肉じじいの体だからね。

第8章

この「クソみたいな世界」のなかで

人間なんて……

吉田拓郎に「人間なんて」という意味不明な歌があるが、人間なんてのは「ラララ」だ、と自棄くそ気味に、延々と歌う。その「ラララ」にはどんな言葉を入れても、「人間」というものは成立する、人間とはそれほどわけのわからんものだ、というふうに考えれば、それがこの項目の見出しの意味になる。どういう言葉を最初に入れるか。ここ十年、二十年のわたしの気分でいえば、これ以外にない。

「ろくでもないものだ」

もしくは、人間「なんて」と考えるなら、「滅んでしまえ」もありうる。実際、人類は煮詰まりつつある。人間が生み出した理性が有効なのは、せいぜい世界の半分で、残りの半分は、二十一世紀の現在でも、ろくでもない欲望と暴力が支配している。そこだけ見れば、もう「人間なんて絶滅してしまえ」といいたくもなる。人間は絶滅希望種だ。それに、理性・法・正義が支配しているように見えるところでも、いとも簡単に破綻する。

若干の厭世感がある。人間の作り上げた「意味のシステム」（価値の体系）のほとんどを疎ましく感じるようになった。国、組織、宗教、家族、愛情、絆、夢、しあわせ。売上高、視聴率、ＣＭ、ランキング、年収、豪邸……。それらを離れて生きることができないのはわかっているが、それでも疎ましいことに変わりはない。

厭世とは厭人でもある。現実的には日本人のことだが、想像的には人類のことである。人間の日々の行為、無数の振る舞いが不快なことばかりだ。それで厭世、厭人の基になる事例をしこたま集めた。それを昔よくやったように、細大漏らさず、可能な限りここに列挙しようかと思ったが、やめた。読者も日々不快な出来事に晒されているのに、ここでそれをまた思い出させては申し訳ないと思ったからである。

ただ、こういう形だけでもいっておきたい。

「私はここ（クロイスターズ美術館……引用者注）が好きでしてね」とマレンはだしぬけに言う。「ここに来て、歩きまわってもの思いにふけるのが。そのあいだはクソみたいな世界を忘れていられる。私は今の時代がどうにも好きになれない」

「私もだ」とケラーは言う。「しかし、これがわれわれの住む世界だ」

（ドン・ウィンズロウ『ザ・ボーダー（上）』ハーパーコリンズ・ジャパン、二〇一九）

ブライアン・マレンはニューヨーク市警麻薬捜査課のトップ、アート・ケラーは麻薬取締局（DEA）局長である（アメリカは数十年に及ぶ「麻薬戦争」で滅茶苦茶である）。わたしもまた「今の時代」すなわち「クソみたいな世界」が「どうにも好きになれない」。いや、わたしはわたしの生きてきた年月のどの時代も嫌いだったが、今の時代の嫌さに比べれば、少しはましだったような気がする。今の時代の汚なさやくだらなさは、度を超えているように見える。日常のなかに不快な現象が生じるのが頻繁であり、不快の質も理解不能な気持ちの悪いものが増えてきた。

ろくでもない人間と、その輩が引きおこすろくでもない不快な事が、蔓延している。いや、蔓延しているかどうかは、実際にはわからない。昔でもおなじようなことは起きていたのだろう。人の目には見えなかっただけだ。だが今では映像として白日の下に晒されるようになった。街中に設置された監視カメラと、ほとんどの個人が持っている携帯カメラのせいである。それによって映像が残るようになった。

それがSNSによって拡散され、YouTubeにアップされ、テレビ局に投稿される。昔だったら、ほっておけばそのまま日常のなかに埋もれたものや、ニュースにもならぬ取るに足りない個人的な事柄や、人の目にふれることがなかった些細な事件や出来事が、映像になっているという理由だけで公になり、われわれは目にすることになったのである。それで、今まで隠されていた日本人の醜さがあきらかになったわけである。なんだ日本人って、けっこうろくでもない人種だったんだな、と正体がばれたのである。

しかし、そんなことをいってもしようがないのである。否でも応でも「これがわれわれの住む世界」だからである。これまた、どんな世界になろうとも、その時に生きている人間にとっては、そこがつねに「われわれの住む世界」なのである。

法治主義も、正義も、公正さもいい加減。大国といわれる国のリーダーがいずれも小人ばかりで、領土や自国の経済だけにこだわる。ウソをつきながら、自国の正義を主張する。悪いのはすべて相手。これが人間の本性である。文明が発達するとは、たかだか生活が便利になっただけ。その分、人間が心身ともに退化した。

もう人間の作為が嫌である。わたしの「クロイスターズ美術館」はなんだろう。「歩きまわってもの思いにふける」ことができる場所。昔行っていた公園を思い出す。あるいは市内にある日本庭園。保山耕一氏の奈良の風景を映した「時の雫」シリーズのような、作為のない、自然の映像も心が落ち着く。午前九時半、ショッピングモールのなかにある「サンマルクカフェ」の、ゆったりとしたひとり席もいい。音楽とアイスコーヒー。これにタバコがあれば文句なしなのだが、それは失われた。暫し、一刻の逃避。

少し死が身近になった

わたしの厭世・厭人は、もちろん重くはない。だから、こんな世の中、早いとこおさらばしてもいいな、とは思わない。といって、自分でその気分を舐めてもいない。その気分をこねくり回して、大きくしない。だから意識して、自分自身に気合を入れる。

松原惇子の「わたしは、かっこいい老女になるわよ」ではないが、ジーパンを穿き、靴下を履き、バッグをかけ、キャップを被り、水をもって、さあ出かけるぞというとき、内心で「よしっ（行くぞ）」と気合を入れる。快晴ならば、なお気分はいい。それで半日、人と会わない。人と話さない（店の人は別）。

脳梗塞になって、今まではいくら死について考えても実感はなかったのに、ちょっと死を身近（リアル）に感じるようになった気がする。そうか、ひとつ間違えば、おれは死んでいてもおかしくはなかったのだ、と思ったのである。脳梗塞で死ぬことは少ないといわれる。だったら、脳神経外科の集中病棟で、意識がないまま口にチューブを入れられて終日寝ている患者を何人か見たが、ああいうふうになる可能性はあったのか。それはわたしにとってはほとんど「死」と同義（死よりも悪い）で、わたしが再発を恐れるのも、そういう状態になることだけは避けたいからである。

しかし、死を多少身近に感じるようになったといっても、死に対する考え方に変化があったわけではない。今までは、死ぬときは死ねばいいんだ、と頭では単純に考えていたが、そこにちょっと嫌だなという気持ちが入ってくるようになった。この世に生まれてくる前の無明の闇に還っていくのかと考えると、嫌というより、恐ろしいような気がする。こんなことを考えても意味はないのだが。

親愛なる者たちとも別れなければならない。さだめである。つらいともさびしいともいうまい。いってもいわなくてもおなじである。かれらには、ただ元気に強く生きていってほしい、と願うだけである。だが、そのかれらもまたいずれは死ぬ。そのかれらの死を、わたしは知りようはないのだが、そうなってはじめて「わたしの死」は終わる。「わたしの死」に関する一切の感情と思いが、やっと終わる。

死ぬときには、もう意識が朦朧としているはずだ。だからそのときのことは考えてもしようがない。ベッドの周りに家族が集まって、かれら一人ひとりに感謝の言葉を述べてから死ぬ、なんてことはありそうにない。死の数日前ならそういう機会があるかもしれないが、そうしたい気持ちはあまりない。恥ずかしいではないか。母も父もそういう言葉は残さなかった。残される者たちに、記憶に残るような感謝の言葉を伝えたいと考える人がいるかもしれないが、わたしはおそらくしないだろう。

できるだけ減塩食にする。禁煙も、ウォーキングもつづける。脂物や炭水化物は気を付ける（食べないわけにはいかないから量を減らす）。水を最低一日一・五リットルは摂る。こういった感じで脳梗塞の再発を防げたらと思っている。防げるのか。それはわからないが、これでいけるところまでいく。何年いけるかわからない。それでも再発して、意識があってもなくても寝たきりになるくらいなら、いっそ死んでしまいたい。

すくなくとも、あと五年くらいは生きたいな、と思うのは自然である（五年経てば、また延びる）。だが、生きられるところまでいければいいや、と思う。

本書は一応「定年本」である。だが、わたしもすでに七十二。「定年」など一昔前の話である。どちらかといえば「老後」の男であり、〈死〉のほうが近しい。このあと三人の有名人の死を見ていきたいと思う。生きている人よりも、ときとして、死者のほうが近しい気がする。暗くはない。重くもない。三人ともカラリとしているのだ。ヘンないい方だが、いい死なのだ。

橋本治の死

筑摩書房のPR誌『ちくま』に連載されていた橋本治の「遠い地平、低い視点」というエッセイを読むのが楽しみだった。二〇一八年の十月号「闘病記、またしても」を読んで驚いた。そこには「上顎洞癌《じょうがくどうがん》」という病気で入院していたことが書かれていた。この文章がなんともいえない。「頭蓋骨の眼の大きく穴の開いた空洞の下の部分——鼻の横のへっ込んだ部分が上顎洞で、ここに出来た癌です」。橋本は「顕微鏡的多発血管炎」にも罹病しているから、抗がん剤が使えない。で手術をして摘出するしかないのだが、その描写がすさまじい。

こんな具合なのだ。「左の髪の生え際から横に一直線、眼の下を切って、そこから鼻に沿って切り下げます。その直角部分をベロンと開いて中の肉を取り出します」。うーむ。「鼻の横の頬っぺたの肉がなくなると、そこがガボッとへこんで、そこで支えられている目玉の位置も下がってしまいますから、その後でお腹の肉を切って顔に移植をする。生きている肉じゃないと意味がないので、血管が付いたままの肉を移植して顔の血管とつなぎ合わせます」。手順はわかる。読んでいるだけでも恐ろしい。

「頬に傷は残りますか?」と聞くと、先生は「残ります」。橋本は「たいした顔じゃないからいいか」と他人事のようなことをいった。同時に「すげェ、七十になってリアル・ブラック・ジャックだ!」と思い、「少し人に脅しをかけてやるか」などと思っていたが、「リアル・ブラック・ジャック」にはならなかった。無理に明るくしようとしているのか。

しかし「顔の手術した部分は腫れ上がって、左右の幅が一・五対一くらいの比率に」なり、「片目は半分つぶれかかって、ひしゃげた鼻の穴から血の糸が垂れて、手術後五日くらいして自分の顔を鏡で見た時、『十九世紀ドイツ自然主義文学に出て来る獣人熊男はこんなかな?』と思いましたが、そんなものを読んだことはありません」

よく気が狂わなかったものだと思う。わたしならほとんど絶望的になるにちがいないが、この橋本の冗談めかした文章には驚いてしまった。もちろん、額面どおりに受け取ることもないわけだが、それにしても、仕事とはいえ、よく文章を書こうという気になれたものだ。わたしならもう連載中止だ。書くことは逆に救いだったのか?

「『癌になるってのは、俺も普通の人間だな』と思い、その後で自分とは無関係で遠いところにいる癌に対して、『めんどくせェな、バカヤロォー』と罵りました」。やはり、やりきれなさが滲んでいる。ただ「十六時間かけて切り刻まれたものを前のように復旧させるのが私の仕事で、そのための入院ですから『ああ、めんどくせェ！』です」

同十一月号は「なぜこんなに癌になる？」。入院して三カ月。「私が退院出来ないでいる理由は、『食べ物を噛み込む力が衰えている』ということです」。手術以後、橋本は「飲食禁止で、水の一滴も飲んでいない」「栄養補給の流動物を直接胃に流し込むためのチューブが、鼻の穴に突っ込んである」

そのうちチューブは抜かれたが「放射線の影響で口内炎がひどくなり、物を噛む、噛むが出来ない。鼻チューブが元に戻されて、病院内を車椅子移動するほど体力が弱り、ひどくなった痛み止めの麻薬成分に脳が反応して、記憶が一瞬飛んだ」。よく耐えているというべきだろう。偉いものである。

放射線治療を行っている。「癌はどこかで『他人事の病』だった。だから私は癌をバカにして、『さっさと治る』と思っていた。しかし、癌はもう他人事ではない。今年の三月、私の友人でエージェントをしていた男が癌で死んだ。その前年の三月にもまた一人。樹木希林（二〇一八年九月……注）も加藤剛（同年六月……注）も癌で死んだ。癌はいやらしいほど静かに近付いている」

同十二月号は「窓からの眺め」。「おかげさまで、入院から四ヵ月たった十月二十六日、私は退院しました」。関係ないが、わたしが脳梗塞で入院したのが十月十二日、退院したのが同二十五日。橋本とほぼおなじ時期に退院していたのだ。しかし入院期間としては比べ物にならない。わたしはわずか二週間で音を上げた。橋本は四カ月だったのだ。

文章は、体のことはあえて避けたのか、入院していた新宿や転院した恵比寿の街のことにふれ、終わりのほうは「筋論で言えば『オリンピックをやるために、熱を逃がさない衝立ての役割をする上に熱を溜め込む高層ビルを壊して、東京の風通しを良くしましょう』なんじゃないですかね？」と書いたあたりでしめくくっている。橋本治はなにが生じてもあまり動じる性質ではないように思われるが、それでも気持ちに多少余裕が感じられる。

翌二〇一九年一月号の「観光客が嫌いだ」では、橋本の観光客嫌いの話になって、ああよかった。よくなりつつあるのだな、と思った。「なにも知らずに物欲しげな顔をしてうろうろノタノタ歩いている外国人観光客が嫌い」だし、「私はバカが嫌いだから、うろうろモタモタしている日本人観光客も嫌いだ」。

いつもの調子がでてきたなと思った。それにしてもはっきりいうねえ。日本各地のハロウィーンについても、「今や『バカじゃねェの』とも思わずに『やりたきゃやれば』としか思っていないが、『整然とおとなしいバカの群れ』が『バカ騒ぎをするバカの群れ』よりましだとも思わない」と書いていて、さすがだな、まったく同感と思っていたのだが、この号で橋本治の連載は休載になったのである。

わたしは橋本治と会ったことはない。姿を見かけたことも、声を聞いたこともない。また、いい読者でもなかった。かれはまったく無関係の有名人だった。これまでにも多くの有名人の死の報に接してきた。しかし、今回の橋本の死は、これまでの他の人の死とはちがった。なぜか身近に感じられたのである。といって、感情はフラットである。ただ、気持ちが唸ってしまった。

橋本治は一九四八年生まれで、わたしの一歳下。享年七十。

樹木希林の恬淡とした死

樹木希林が亡くなったのは二〇一八年九月である。樹木希林のことは昔はまったく関心がなかった。材木店の婆さん役で「ジュリー!!」と身悶えする演技で人気をとっていたときも、まあどうでもいいわなあ、と思っていた。内田裕也と結婚していたのも理解できなかった。もう晩年といっていいのか、ここ何年かのあいだにＴＢＳの「ぴったんこカンカン」という番組でよく見かけるようになった。だからわたしが知っている樹木希林は七十歳以後の希林だということになる。

そのときのなにも飾らない振る舞いと、しっかりした生き方と考え方に、ああこんな人だったのかと思うようになった。若いときからそうだったのかどうかは知らない。話し方になんの力みもないのである。それから関心を持つようになり、テレビ番組にでるときは見るようになった。考え方がはっきりしている。が、なにがなんでもその考えを通すぞというのではなく、恬淡としている。怒らない。やりこめようとしない。でも、毅然のひとつ手前あたりで毅然としているのだ。

希林は女優としての評価が高いのだろうが、わたしは日本映画をほとんど見ないのでよくわからない（「万引き家族」は見たが好きな映画ではなかった）。わたしにとっての希林は、トーク番組での「語る希林」だが、それだけで十分満足である。カラリとした、風に吹かれたかのように軽く、どうにでも曲がるがけっして折れない、あの強さは、どこからきているのか、と思ったものである。

彼女は生活ぶりが見事だった。靴は昔から三足。洋服はだれかのお古。下着は亡くなった「友達の旦那」のもの。モノは「できるかぎり活かして、最後まで使い切って終了させたい」「モノを持たない、買わないという生活は、いいですよ」。だから家のテレビは今でも「ブラウン管」（『一切なりゆき―樹木希林のことば』文春新書、二〇一八）

彼女の強みは世間に阿《おもね》らないことだ。大多数のご利益意見よりも、自分にとっての本質的な思考を中心に据えている。「お金や地位や名声もなくて、傍からは地味でつまらない人生に見えたとしても、本人がほんとうに好きなことができていて、『ああ、幸せだなあ』と思っていれば、その人の人生はキラキラ輝いていますよ」。この場合の「キラキラ」は問題がない。なんの作為もなく、板についている。

「60歳を過ぎたら60歳を過ぎたなりの、何かいい意味での人間の美しさっていうものがあるような気がするんです」「アンチエイジングというのもどうかと思います。年齢に沿って生きていく、その生き方を、自分で見つけていくしかないでしょう」「長生きしたいと思うわけではないし、年を取るのはちっとも苦ではないんですよ。ただあたふたせずに、淡々と生きて淡々と死んでいきたいなと思うだけです」

希林は自分が「不細工」でよかった、といっている。若いときの映像を見ると特に「不細工」というわけでないが、まあ美人ではない。よくおばさんたちが「年を重ねた美しさ」というが、たいていそんなものはない。けれど晩年の希林には、たしかに品があった。それは語り口、内容、相手との応対に表れていた。それが「何かいい意味での人間の美しさ」だったのか。もう年をとったら、人間の存在意義はそんなところにしかない。

彼女には厭人癖があったかもしれないと思う。「人が集中するところに私は興味がなかったりするものですから、人は私に対して見抜きにくいんですね」「わたしはつねに個人的にものを考えるんですね。（略）統計なんていうのは、わたしは全然信じてないの」「私は人のこと嫌いなんです。煩わしいから。だから友達もいない。（略）だけど裏腹に、人間そのものにはすごく興味があるんです」

彼女の考え方は独特だった。自由だったのである。「がんになったことで、人生観も変わりました。がんにならなければ、心のありようが収まらなかったかもしれません」「いい顔したおじいさんってのは多いけど、いい顔をしたおばあさんってのが少ないんですね」「生きるのに精いっぱいという人が、だいたい見事な人生を送りますね」「男でも女でも、ちょっとだけ古風なほうが、人としての色気を感じるような気がしますね」

樹木希林の一番の特徴は自立である。「私がこういう取材を受けるメリットはどこにあるの？　あなた方のメリットはわかるの。えっ、私の話で救われる人がいるって？　それは依存症というものよ、あなた。自分で考えてよ」「どうやったら他人の価値観に振り回されないか？　『自立すること』じゃないでしょうか」「『もっと、もっと』という気持ちをなくすのです。『こんなはずではなかった』『もっとこうなるべきだ』という思いを一切なくす」

定年者にとっても、老年者にとっても、若者にも、役に立つ言葉ばかりではなかろうか。人の言葉など参考にならん、とわたしはいったが、それも個人次第である。口先だけで「参考になった」「元気をもらった」「勇気をもらった」といっても、なんにもならんということである。これしかない。「あなた。自分で考えてよ」

「命と金は惜しむな」

樹木希林の死を考えたとき、佐野洋子のことが思い出された。佐野洋子の『死ぬ気まんまん』が出版されたのが二〇一一年。佐野はその前年の二〇一〇年十一月に亡くなっていた（わたしが気づいたのは遅かった）。樹木希林は映像で見ていたが、佐野は本でしか知らない。しかし橋本治とは違って、佐野洋子の本はよく読んだ。佐野の本で、彼女が余命二年とかいわれていたことは知っていた。その二年は長い二年だったが、つねに、死ぬことは全然平気だといっていた。そして、そのとおりに死んでいったのである。

樹木希林にしても佐野洋子にしても、生前に知っていて、その死もそう遠くはなさそうだ、ということも知っており、ふたりとも自分の死にまったく頓着してないということも知っていて、そのふたりがもう今はいない、ということがうまく理解できない。やはり、人は死ぬのだ。タイプは違った。希林は飄々とした人、佐野は烈女。ふたりともたいしたものだ、と思う。ふたりとも女で、ケチな権力を持ったぐらいでうれしくなり、威張り腐っている並の男などより数段立派。

ガンが再発して骨に転移した時、お医者は、死ぬまでに治療費と終末介護代含めて一千万円くらいだろうと言ってくれた。

ほぼ七十歳くらいで、私は金がかからなくなるはずである。

私は抗ガン剤は拒否した。あの全く死んだと同じくらい気分の悪い一年は、そのために一年延命しても、気分の悪い一年の方が苦しいのである。もったいない。そうでなくても老人につき進むのは身障者につき進むことである。

七十前後はちょうどよい年齢である。まだ何とか働け、まだ何とか自分で自分の始末はできる。（『死ぬ気まんまん』光文社文庫、二〇一三）

彼女の父親は夕飯のとき、よく「命と金は惜しむな」と「かならず訓示をたれた」。「私は大いなるファザコンである。死んだから、ファザコンは肥大するばかりである。だから私は命を惜しまない。金も惜しまない」。佐野の気性には驚くことばかりである。「私はガンになっても驚かなかった」。腫瘍マーカーが「全然気にならなかった」。タバコは「エントツ状態」になるほど喫った。

〈死〉にことさらな意味をつけることを嫌った。「私は闘病記が大嫌いだ。それからガンと壮絶な闘いをする人も大嫌いだ。ガリガリにやせて、現場で死ぬなら本望という人も大嫌いである」。父が「活字は信じるな、人間は活字になると人の話より信用するからだ」と「夕食の訓示に何百回も言っていた」。「死ぬのが全然こわくないのも、ファザコンなのかもしれない」。父は「静かに、何も言わずに死んだ」。

佐野洋子の「立派な死」

佐野洋子はほんとうに死ぬことが平気だったのだ。「私は死ぬのなんか何とも思っていないのに、余命平均二年と言われたので、すっかりその気になって言いふれまわった」。「ほとんどガンのストレスは皆無だった」。そしたら「腫瘍マーカーが通常人と同じになっていた」。というわけで「いくら死ぬ気まんまんでも、なかなか死ねないのかと思うと、気落ちがする」「ああ、あきた、死ぬのを待つのもあきた」「平和で、何もない静かな日常に戻った」

「立派に死のう」と思うようになった。

立派ってなんだかわからない。

『戦国武将の死生観』という本を読んだら、実に名を惜しむのである。思いっきりがよく、恥をおそれて腹を切る。誰も「命は地球よりも重い」なんて言わない。私も侍のように死にたいと思った。

「立派に死のう」と考えただけで、偉い。ならば、彼女は、立派に死んだのだ。だれかの本に、われわれにはまだ死ぬという大仕事が残されている、と書かれていた。それは周囲に自分の死を見せることを意識した死、だったが、佐野の死は、ただの死で、それで「立派」だったのである。

樹木希林は享年七十五。佐野洋子は享年七十二。現在のわたしとおなじ。橋本治は七十。希林はこの「クソみたいな世界」を感じさせないような生き方をした。それが希林の品だ。佐野と橋本治は「クソみたいな世界」の直中《ただなか》を生きて、ひ弱なわたしみたいに厭世にならなかった。なぜかこの三人の死が、頭を離れない。佐野洋子が淡々と書いている。


　私は今が生涯で一番幸せだと思う。

　七十歳は、死ぬにはちょうど良い年齢である。

　思い残すことは何もない。これだけはやらなければなどという仕事は嫌いだから当然ない。幼い子供がいるわけでもない。

　死ぬ時、苦しくないようにホスピスも予約してある。

　家の中がとっちらかっているが、好きにしてくれい。


　そう、いい残して、佐野洋子はほんとうに死んでしまった。ほんのこないだまで樹木希林も佐野洋子も橋本治も生きていたのだ。今はいない。人はほんとうに死ぬのである。「私は今が生涯で一番幸せだと思う」とか「七十歳は、死ぬにはちょうど良い年齢である」という言葉は、佐野洋子でなければ信じない。

一日一日の「定年後」

定年前か、定年直後には、定年後の暮らしについていろいろ考えるかもしれない。わたしが決めたことは、年金をすぐもらうことにしたことだけである。あとは、タバコを喫える喫茶店が市内（地元）にあるか、自転車で探し回ったことと、その探索を、沿線の七、八駅先まで延ばして、各駅前をうろうろしたことぐらいである。そういうことではちょっとじたばたしたが、たいしたことはまったくしていない。

市内散策もして、運動公園があるのを発見した。これは収穫だった。独身のころに住んでいたアパートを何カ所か巡ったり、新しい町に行ったりした。月一回、都内にでたり、前の会社を訪ねたりしていたが、それも数カ月（半年？）ほど経つと、いかにも定年退職初心者のような行動はしなくなり、ふつうの一日になっていった。そんなものである。もうそれからは、一日一日があるだけである。

元々「定年後」という概念が大雑把である。「老後」はもっと大雑把。それなのに「定年後はいかに生きたらいいいか」という設問にするものだから、あと三十年いくらお金が必要かと試算したり、そのために仕事は何歳までするかとか、いつまで生きられるかとか、つまらないことを考えるのである。なかには、死ぬまで働けば、「老後」そのものが無くなるぞ、なんて本末転倒なことをいう者もでてくる。

人間は一日ずつしか生きることができない。聖書にあるではないか。「一日の労苦は一日にて足れり」と。ちょっと違うか。つねに「今日」しかない。早く明日が来ないかなあと思っても、明日にならなければ来ず、来てほしくはないなあと思っても、今日になれば来る。その一日がすべてである。

「千里の道も一歩から」という格言がある。「一試合、一試合、がんばるだけです」とスポーツ選手がいう。つまらぬ格言であり、つまらぬ発言だが、絶対の真実である。一日一日を生きて、いつの間にか十年が経つ。そのときはじめて「定年後」になるのだ。どんなときでもわたしたちは、今日一日を一日ずつ生きることしかできない。

あとがき——橘曙覧の「独楽吟」がいい

定年後も老後も、収斂するところ、結局は金の話ばっかりである。そして、わたしのいうようにすれば大丈夫、というウソつきにもうんざりだ。どうあがこうとも、宝くじで五億円が当たる、などの幸運でもないかぎり、金に関することはひとつの解決方法しかない。吉越氏がいっていたように「食うや食わずの生活でない限りは、残ったお金で何とかしていくのです」。

わたしはこれでいいと思っている。というより、これしかない。あとは、どうしても毎月の不足分がでるなら、体を動かして稼ぐしかない。もし「食うや食わずの生活」になるのなら、わたしにはまったく手がない。

そしてもういい加減、お金の話は飽きた。どう考えても埒はあかないのだ。もっと他にほのぼのとした話はないのか。そんなとき偶然に、橘曙覧の「独楽吟」を知ったのである。齋藤孝の『50歳からの孤独入門』を読んでいて、知った。読書の恩恵である。齋藤はそこで「独楽吟」から二首引用していたのだが、それがよかったのだ。「独楽吟」は五二首あり、全部「たのしみは」で始まり「〜するとき（時）」で終わる短歌である。

たのしみは　妻子《めこ》むつまじく　うちつどひ　頭《かしら》ならべて　物をくふ時

たのしみは　まれに魚烹《に》て　児等皆が　うましうましと　いひて食ふ時

わたしは、これを読んで、これだ、と思い、橘曙覧を紹介することで「あとがき」に代えようと思った（わたしは曙覧の俄かファンにすぎないが）。国も企業も老いも若きも、口を開けば「金」としかいわないような時代に、かつての日本にこのような人がいたことは救いだ、と思ったのである。それに二百年前の歌人なのに、心の動き、感情の動きが現代人とまったくおなじではないか。

橘曙覧の名は岩波文庫で見たような気もするが、読み方はわからなかった。関心もまったくなかった。読みは、たちばなのあけみ、と読む。江戸後期（一八一二―一八六八）に生きた福井の人である。二十一歳のとき、奈於十七歳と結婚、三人の女子に恵まれたが、三人とも死亡。生家の文具商を継ぐも、二十八歳のとき家業を異母弟に譲り、自らは隠棲。歌人にして国学者の道をいくが、生涯、生活は困窮を極めたという。なお曙覧夫婦は、三人の女子を失ったあと、三人の男子を得ている。

曙覧五十四歳のとき、藩主松平春嶽が仕官することを勧めた。ところが曙覧は、次の和歌を送ってその申し出を辞退している。「花めきてしばし見ゆるもすずな園田庵《そのたぶせのいほ》に咲けばなりけり」。花はいかにも美しそうに咲いていますが、田舎の庵に咲いているから似合うのですよ（お城には似合いません）。五十七歳で病死。関係ないかもしれないが、福井出身者は偉い。松平春嶽、橋本左内、由利公正、佐久間勉、中野重治、白川静。

新井満は「橘曙覧という人物の名前を、わたしは長い間知らなかった。わたしばかりではなかろう。おおかたの日本人はその名前を知らず、たとえ知っていたとしても、ほとんど忘れかけていたと思う」。その橘がスポットライトを浴びることになった。一九九四年（平成六年）、訪米した天皇皇后両陛下の歓迎式典で、クリントン大統領が歓迎スピーチで、橘曙覧の「独楽吟」のなかから一首を引用したのだという。

その一首がこれ。

「たのしみは朝おきいでて昨日まで無かりし花の咲ける見る時」

このクリントン大統領の引用で橘関連の書物や研究書や注釈書が続々出版され、これをきっかけとして、橘の郷里福井にも「橘曙覧記念文学館」が開館されたのだという（新井満自由訳・編・著『橘曙覧・独楽吟の世界　楽しみは』講談社、二〇〇八）。

わたしはこの出来事も知らなかった。一九九四年といえばわたしは四十七歳。当時、新聞やテレビでけっこう話題になったのだろうか。でもしかたがない。当時知ったとしても、目と頭を素通りしていたのだろう。今回、なんの偶然か、齋藤孝の本で知ることになったのでたすかった。

新井満は前掲書『楽しみは』のなかで、橘と「独楽吟」について解説を書いている。これがいい。日本は世界一豊かな国だといわれ、それなら当然「世界一幸福な国民かといえば、とんでもない」。「若者から老人まで（略）世界一不幸そうな顔で歩いているではないか」。そのとおりである。世界一不機嫌な顔をして全員イライラしてるといっていい。そうでなければ、逆の躁状態で、なんでもかんでも空騒ぎ。

「独楽吟」は「貧しい日常生活のあちらこちらに小さな喜びや楽しみを発見し、〈ああ、幸せだなあ……〉〈生きていて良かったな……〉という感動を和歌にしたのだ」。新井にとっては「元気の素」であり「勇気と希望と幸せさがしの、ヒントの宝庫」だといっている。ちなみにわたしの好きな歌はこれである。

たのしみは艸《くさ》のいほりの莚敷きひとりこころを静めをるとき
たのしみは心にうかぶはかなごと思ひつづけて煙艸《たばこ》すふとき
たのしみはそぞろ読みゆく書の中に我とひとしき人をみし時
たのしみは人も訪ひこず事もなく心をいれて書《ふみ》を見る時
たのしみは空暖かにうち晴れし春秋の日に出でありく時
たのしみは意にかなふ山水のあたりしづかに見てありくとき
たのしみはつねに好める焼豆腐うまく烹《に》たてて食はせけるとき
たのしみはあき米櫃に米いでき今一月はよしといふとき

新井満は「独楽吟」が「提案する〝幸せな生き方〟」を、「こだわりを捨てること」と「日々を楽しむこと」としている。別に曙覧は「提案」はしていないし、あまり「幸せ、幸せ」

といわなくてもいいと思う。「日々を楽しむこと」だけでいい。現代日本人の「幸せ」はうるさい。

橘曙覧は慶応四年に亡くなったが、三人の息子に遺した言葉は「うそいうな、ものほしがるな、からだだわるな（だらけるな、の意）」の三箇条だったという（水島直文・橋本政宣編注『橘曙覧全歌集』岩波文庫、一九九九）。なにからなにまでいい。

では、みなさん。今日もまた、良い一日を。お達者で。

二〇一九年（令和元年）九月

勢古浩爾

著者略歴

勢古 浩爾（せこ・こうじ）

1947年大分県生まれ。明治大学政治経済学部卒業。洋書輸入会社に34年間勤務ののち、2006年末に退職。市井の人間が生きていくなかで本当に意味のある言葉、心の芯に響く言葉を思考し、静かに表現しつづけている。1988年、第7回毎日21世紀賞受賞。著書に『結論で読む人生論』『定年後のリアル』（いずれも草思社）、『自分をつくるための読書術』『こういう男になりたい』『思想なんかいらない生活』『会社員の父から息子へ』『最後の吉本隆明』（いずれも筑摩書房）、『まれに見るバカ』『日本人の遺書』（いずれも洋泉社）、『人生の正解』（幻冬舎）など。本書は５万部を突破した『定年バカ』（SBクリエイティブ）の続編となる。

SB新書　495

続 定年バカ

2019年 11月15日　初版第1刷発行

著　者　勢《せ》古《こ》 浩《こう》爾《じ》

発行者　小川 淳

発行所　SBクリエイティブ株式会社
〒106-0032　東京都港区六本木2-4-5
電話：03-5549-1201（営業部）

装　幀　長坂勇司（nagasaka design）

本文デザイン　二神さやか

D T P　白石知美（システムタンク）

編　集　坂口惣一（SBクリエイティブ）

印刷・製本　大日本印刷株式会社

本書をお読みになったご意見・ご感想を下記URL、
または左記QRコードよりお寄せください。

https://isbn2.sbcr.jp/01560/

落丁本、乱丁本は小社営業部にてお取り替えいたします。定価はカバーに記載されております。本書の内容に関するご質問等は、小社学芸書籍編集部まで必ず書面にてご連絡いただきますようお願いいたします。

ISBN 978-4-8156-0156-0